한석봉 천자문

한석봉
천자문

개정판 1쇄 발행 | 2023년 01월 31일
개정판 3쇄 발행 | 2024년 11월 30일

엮은이 | 편집부

발행인 | 김선희 · 대 표 | 김종대
펴낸곳 | 도서출판 매월당
책임편집 | 박옥훈 · 디자인 | 윤정선 · 마케터 | 양진철 · 김용준

등록번호 | 388-2006-000018호
등록일 | 2005년 4월 7일
주소 | 경기도 부천시 소사구 중동로 71번길 39, 109동 1601호
　　　(송내동, 뉴서울아파트)
전화 | 032-666-1130 · 팩스 | 032-215-1130

ISBN 979-11-7029-226-5 (13710)

· 잘못된 책은 바꿔드립니다.
· 책값은 뒤표지에 있습니다.

이 도서의 국립중앙도서관 출판시도서목록(CIP)은 서지정보유통지원시스템 홈페이지(http://seoji.nl.go.kr)와 국가자료공동목록시스템(http://www.nl.go.kr/kolisnet)에서 이용하실 수 있습니다.(CIP제어번호 : CIP2014031354)

한석봉 천자문
원본 수록

한석봉 천자문

편집부 엮음

머리말

  옛날에는 천자문이 한문을 처음 배우는 아이들을 위한 입문서였다. 그러나 오늘날에는 남녀노소 구분하지 않고 한문을 배우고자 하는 사람들의 텍스트로 많이 이용되고 있다. 천자문은 중국 남조 양무제梁武帝 때 만들어진 것으로, 위로는 제왕가로부터 아래로는 민간에 이르기까지 가장 선호하는 한문 입문서로 알려져 있다. 그 까닭은 문체가 우아하고 화려할 뿐만 아니라 내용 또한 단순한 한자 학습서를 넘어서 우주와 자연의 섭리, 역사와 인간의 도리와 처세의 교훈 등이 함축되어 있기 때문이다.

  이 책은 양무제가 자신의 여러 왕자에게 글과 서예를 가르치려고 은철석殷鐵石에게 명하여 왕희지의 글씨 중에서 중복되지 아니한 글자 1천 자를 탁본하여 조각 종이 하나에 글자 하나씩 넣게 하고는 차례 없이 뒤섞여 있는 것을 주흥사周興嗣를 불러 말하길 "경卿이 재주가 있으니, 나를 위하여 글을 지어주오."라고 하자 주흥사가 하루 저녁 만에 편집하여 올렸는데, 이때에 주흥사는 너무 신경을 써서 하룻밤 사이에 자신의 머리털이 다 희어졌다고 한다. 그래서 일명 '백수문白首文'이라고도 일컫는다.

  천자문은 1천 자인데, 매 4자를 1구一句로 모두 250구句, 2구二句를 1련一聯으로 전체가 125련聯으로 된 일종의 고체시古體詩이다.

  앞에서도 언급했듯이 천자문은 그 문체가 쉽고 아름다우며 내용 또한 정교할 뿐만 아니라 양나라 황실에서 제작하여 왕자들의 교육에 사용한다는 명성 때문에 널리 애용하게 되었다. 천자문이 후세에 전래되는 과정에서 수당隋唐 시기에 활동한 지영智永 선사의 공을 언급하지 않을 수 없다. 지영 선사는 왕희지의 7세손으로 그는 30년 동안에 천자문 800본을 모사하여 절강성 동쪽의 각 사찰에 기증하였다. 때문에 왕희지 필법의 특징과 더불어 《천자문》을 널리 전파하는데 큰 역할을 했다. 지영선사 이후에 역대 저명 서예가나 인사들이 천자문을 필사하여 서예 작품으로 남겼는데, 즉 회소懷素, 송휘종宋徽宗, 조맹부趙孟頫, 문정명文征明 등등이다. 그들의 작품은 서체나 품격 면에서 각기 독특한 면모를 지니고, 이 작품들을 통해 천자문은 민간에까지 널리 전파되었다.

  우리나라에 천자문이 전래된 시기는 분명하지 않다. 단지 백제의 왕인 박사가 논어와 더불어 천자문 등을 일본에 전파시켰다는 기록을 살펴볼 때에 이미 삼국 시대에 우리나라로 유입된 것으로 추정할 수 있다. 그러나 시기적으로 왕인 박사가 주흥사보다 앞선 인물이므로 이 천자문은 다른 판본일 가능성이 높다. 우리나라에서 가장 널리 알려진 천자문은 조선 선조 때 명필가로 이름을 날렸던 석봉 한호의 천자문이다.

  중국과 마찬가지로 우리나라에서도 천자문은 한문 입문서로 가장 많이 애용했다. 왕실이나 명문 대갓집의 자제뿐만 아니라 가난한 선비나 서민의 자제들도 여력이 생기면 가장 먼저 이 천자문부터 가르쳤다. 특히 우리 선조들의 자녀 교육에 대한 열정과 정성은 대단하여 자녀가 성장하기 전부터 덕망 있고 유식한 인사를 일일이 찾아다니면서 천자문의 한 자씩을 쓰게 하여 천 사람에게 천 자를 받아서 사랑하는 자손에게 물려주기도 했다. 이 같은 선조의 정성과 사랑 때문에 오늘날까지 천자문의 첫 구절인 '하늘 천', '따지'의 메아리가 우리들의 귓가에 울려 퍼지는 것 같고 입가에서 맴도는 것이 아닐까!

  끝으로 이 책을 꾸준히 배우고 익혀서 우리의 일상생활에 활용한다면 우리의 삶은 더욱 풍요롭고 귀해질 것이니, 누구나 할 것 없이 열심히 학습할 것을 부탁한다.

차 례

머리말 ····· 004

한자의 육서 ····· 008
필순의 일반적인 원칙 ····· 012
한자 해서의 기본 점과 획 ····· 015
한석봉 천자문 ····· 016

부록 우리가 꼭 알아야 할 생활 속 지식 ····· 141
  제1장 가족·생활 ····· 143
  제2장 혼례婚禮 ····· 149
  제3장 상례喪禮 ····· 161
  제4장 제례祭禮 ····· 175

한자의 육서

육서六書란 한자를 만든 원리를 말하는데, 한자漢字의 기원이 상형문자象形文字라는 것은 널리 알려진 사실이다.

아주 오랜 고대에 인류는 단순한 언어만으로는 의사소통 및 문화 전수에 한계를 느끼게 되었고, 그런 절실한 필요에 의해 문자를 만들어 쓰기 시작하였다. 그런데 그때의 문자는 눈에 보이는 사물의 모양을 본떠서 만든 상형문자가 전부였던 것이다.

예를 들면 '해'를 표현할 때는 해의 그림을 그려서 표현하였는데, 그런 그림이 점점 변하여 문자가 된 것이다.

그런데 인지人智가 발달하고 사회가 복잡해지면서 점차로 여러 가지 개념들을 표현할 필요가 생기게 되었고, 그에 따라 기존의 한자보다 훨씬 많은 수의 글자가 필요하게 되었다. 때문에 몇 가지 일정한 원리에 따라 한자를 만들어 쓰게 되었는데, 《설문해자說文解字》의 저자인 허신許慎은 한자가 만들어진 원리를 '한자 구성 요소의 결합에 따라 여섯 가지 종류'로 나누었다. 이를 '육서六書'라고 한다. 즉 다시 말하면, 육서란 '한자를 만든 여섯 가지 원리'이다.

상형문자象形文字

사물의 모양을 그대로 본떠서 그려낸 가장 기초적인 글자를 상형문자라고 한다. 그리고 상형문자에 속하는 상당수의 글자들이 한자의 부수部首 역할을 한다.

예 山, 川, 水, 日, 月, 木, 人, 手, 心, 耳, 目, 口, 自, 足. 米, 門, 車

지사문자 指事文字

상징적인 부호를 사용해서 구체적 사물의 모양으로 표현이 안 되는 추상적인 개념들을 표시한 문자를 지사문자라고 한다. 지사문자의 특징은 먼저 추상적인 의미를 표현하는데, 굽고 곧은 선이나 점 등으로 표시하고, 상형문자와 함께 글자의 모양을 더 이상 쪼갤 수 없는 것이 특징이다.

예) 一, 二, 三, 五, 七, 十, 上, 中, 下, 本, 末, 刃, 引

회의문자 會意文字

이미 만들어진 둘 이상의 한자를, 뜻에 따라 합하여 하나의 문자로 만들어 다른 뜻을 나타내는 것을 회의문자라 한다.

예) 木+木=林('나무'들이 합쳐져 '수풀'을 이룸), 森(나무 빽빽할 삼)
　　日+月=明('해'와 '달'이 합쳐져 '밝다'는 뜻이 됨)
　　田+力=男('밭 전' 자와 '힘 력' 자가 합쳐져 '사내, 남자'의 뜻이 됨), 休(쉴 휴),
　　　　　臭(냄새 취), 突(갑자기 돌), 取(가질 취) 등.

형성문자 形聲文字

한쪽이 음을 나타내고 다른 한쪽이 뜻을 나타내는 것을 형성문자라 하는데, 한자 중에서 형성문자가 가장 많다.

예) 問=門(음)+口(뜻), 聞=門(음)+耳(뜻)
　　梅=木(뜻)+每(음), 海=水(뜻)+每(음)
　　淸=水(뜻)+靑(음), 請(청할 청), 晴(갤 청), 鯖(청어 청), 菁(부추꽃 청)
　　花=艹(뜻)+化(음)
　　勉=免(음)+力(뜻)

전주문자 轉注文字

'전주'라는 단어에서 보듯이, 전轉(구를 전)이란 수레바퀴가 구르는 것처럼 뜻이 굴러서 다른 뜻으로 변하는 것이고, 주注(물댈 주)란 그릇에 물이 넘쳐흐르듯 다른 뜻으로 옮겨 흐른다는 것을 말한다. 즉 기존 글자의 원뜻이 유추, 확대, 변화되어 새로운 뜻으로 바뀌는 것을 말하는데, 뜻뿐만 아니라 음도 바뀌는 경우가 있다.

뜻만 바뀌는 경우

注[물댈 주] : 주注는 물을 댄다는 뜻이 본뜻이었는데, 그 의미가 확대되어 주목한다는 뜻으로 전의되어 주목注目, 주시注視와 같이 쓰인다. 거기에 또다시 전의되어 주해注解, 주석注釋과 같이 자세히 푼다는 뜻으로 쓰인다.

天[하늘 천] : 천天은 본시 하늘이라는 뜻이었는데 전의되어 자연이라는 뜻으로 쓰인다. 천연天然의 天이 그 예이다. 그런데 이 문자는 또다시 출생出生, 발생發生의 뜻으로 유추되어 쓰이는데 선천先天, 후천後天이 그 예이다.

뜻과 음이 함께 바뀌는 경우

說[말씀 설] : 설說의 본뜻은 말씀이다. 말씀으로써 다른 사람을 달래기 때문에 달랜다는 뜻으로 쓰인다. 이때의 음은 '세'인데 유세遊說가 그 예이다.

樂[풍류 악] : 악樂의 본뜻이 '풍류'로 음은 '악'이다. 음악을 듣는 것은 즐거운 일이기 때문에 즐긴다는 뜻으로도 쓰이는데, 이때의 음은 '락'이다. 또한 즐거운 것은 누구나 좋아하기 때문에 좋아한다는 뜻으로도 쓰인다. 이때의 이름은 '요'이다.

惡[악할 악] : 악惡은 본시 악하다는 뜻으로 음이 '악'이었는데 악한 것은 모두 미워하는 것이기 때문에 미워한다는 뜻으로 쓰이기도 한다. 이때의 음은 '오'이다. 증오憎惡, 오한惡寒이 그 예이다.

가차문자 假借文字

가차는 '가짜로 빌려 쓰다.' 라는 뜻 그대로, 기본적으로 발음이 같은 개념을 빌려 쓰거나, 글자 모양을 빌리는 등 외국어의 표기에 사용하고, 의성어나 의태어와 같은 부사어적 표현에도 쓰인다. 즉, 뜻글자[表意文字]로서 발생하는 한계를 극복해 준 개념으로서, 이로 인해 외국과의 문자적 소통이 가능하게 되었는데, 현재 우리의 생활 속에서 사용되는 많은 외래어가 이 가차의 개념을 도입하여 표기하고 있다. 전주와 가차의 활용은 한자의 발전 과정 속에서 매우 큰 역할을 하였는데, 이 원리의 발견으로 인해 한자가 동양에서 가장 확실한 문자文字로서 발전할 수 있었다고 할 수 있을 것이다.

예 달러DOLLAR → 불弗
아시아ASIA → 아세아 亞細亞
인디아INDIA → 인도 印度
프랑스FRANCE → 법랑서 法朗西 → 법국 法國 → 불란서 佛蘭西
도이칠랜드DOUTCHILAND → 덕국 德國 → 독일 獨逸
잉글랜드ENGLAND → 영격란국 英格蘭國 → 영길리 英吉利 → 영국 英國

필순의 일반적인 원칙

한자의 필순

한자漢子를 쓸 때의 바른 순서를 필순이라 한다. 한자를 바른 순서에 따라 쓰면 가장 쉬울 뿐만 아니라, 쓴 글자의 모양도 아름답다.

필순의 기본적인 원칙

1. 위에서 아래로 쓴다.

言 (말씀 언) : 言 言 言 言 言 言 言

三 (석 삼) : 三 三 三

客 (손 객) : 客 客 客 客 客 客 客

2. 왼쪽에서 오른쪽으로 쓴다.

川 (내 천) : 川 川 川

仁 (어질 인) : 仁 仁 仁 仁

外 (바깥 외) : 外 外 外 外 外

필순의 여러 가지

1. **가로획과 세로획이 겹칠 때는 가로획을 먼저 쓴다.**
   木 (나무 목) : 木 木 木 木
   土 (흙 토) : 土 土 土
   共 (함께 공) : 共 共 共 共 共 共
   末 (끝 말) : 末 末 末 末 末

2. **가로획과 세로획이 겹칠 때 다음의 경우에 한하여 세로획을 먼저 쓴다.**
   田 (밭 전) : 田 田 田 田 田

3. **한가운데 부분은 먼저 쓴다.**
   小 (작을 소) : 小 小 小
   山 (뫼 산) : 山 山 山
   水 (물 수) : 水 水 水 水
   *예외인 경우 : 火 (불 화) : 火 火 火 火

4. **몸은 먼저 쓴다.**
   안을 에워싸고 있는 바깥 둘레를 '몸'이라고 하는데, 몸은 안보다 먼저 쓴다.
   回 (돌아올 회) : 回 回 回 回 回 回
   固 (굳을 고) : 固 固 固 固 固 固 固

5. **삐침은 파임보다 먼저 쓴다.**
   人 (사람 인) : 人 人
   文 (글월 문) : 文 文 文 文
   父 (아비 부) : 父 父 父 父

6. 글자 전체를 꿰뚫는 획은 나중에 쓴다.
    中 (가운데 중) : 丨 口 中 中
    事 (일 사) : 事 事 事 事 事 事 事
    女 (계집 녀) : く 女 女
    母 (어미 모) : 乚 口 母 母 母
    *예외인 경우 : 世 (세상 세) : 世 世 世 世 世

특히 주의해야 할 필순

1. 삐침은 짧고 가로획은 길게 써야 할 글자는 삐침을 먼저 쓴다.
    右 (오른 우) : 右 右 右 右 右
    有 (있을 유) : 有 有 有 有 有 有

2. 삐침은 길고 가로획은 짧게 써야 할 글자는 가로획을 먼저 쓴다.
    左 (왼 좌) : 左 左 左 左 左
    友 (벗 우) : 友 友 友 友

3. 받침을 먼저 쓰는 경우.
    起 (일어날 기) : 起 起 起 起 起 起 起
    勉 (힘쓸 면) : 勉 勉 勉 勉 勉 勉 勉

4. 받침을 나중에 쓰는 경우.
    遠 (멀 원) : 遠 遠 遠 遠 遠 遠 遠
    近 (가까울 근) : 近 近 近 近 近 近 近
    建 (세울 건) : 建 建 建 建 建 建 建

5. 오른쪽 위의 점은 나중에 찍는다.
    犬 (개 견) : 大 大 大 犬
    伐 (칠 벌) : 伐 伐 伐 伐 伐 伐
    成 (이룰 성) : 成 成 成 成 成 成 成

한자 해서의 기본 점과 획

점/획	이름				예시	이름				예시
丶	꼭지점				丶	치킴				凍
丶	왼점				丶	파임				八
丶	오른점				ㄴ	받침				進
丶	치킴점				ㅣ	지게다리				式
一	가로긋기				」	굽은갈고리				手
ㅣ	내리긋기				乚	새가슴				兄
丿	왼갈고리				乚	누운지게다리				心
乚	오른갈고리				乙	새을				乙
乛	평갈고리				乁	봉날개				風
乛	오른꺾음				勹	좌우꺾음				弓
ㄴ	왼꺾음									
ㄱ	꺾음갈고리									
ㄱ	꺾어삐침									
丿	삐침									

字 小 六 心 王 川 水 民 疋 日 亡 力 又 九

영자 팔법

永

① 점
② 가로획
③ 세로획
④ 갈고리
⑤ 치킴
⑥ 삐침
⑦ 짧은삐침
⑧ 파임

영자 팔법永字八法: '永' 자 한 자를 쓰는데, 모든 한자에 공통하는 여덟 가지 운필법運筆法이 들어 있음을 말한다.

한석봉 천자문

天	地	玄	黃
하늘 천	땅 지	검을 현	누를 황
天天天天	地地地地地地	玄玄玄玄玄	黃黃黃黃黃黃黃
天	地	玄	黃

하늘은 아득히 멀어 그 빛이 검게 보이고 땅은 넓어 그 빛이 누렇다.

天
地
玄
黃

宇	宙	洪	荒
집 우	집 주	넓을 홍	거칠 황
宇宇宇宇宇宇	宙宙宙宙宙宙宙	洪洪洪洪洪洪洪	荒荒荒荒荒荒荒
宇	宙	洪	荒

하늘과 땅 사이는 한없이 넓고 커서 끝이 없다.

宇
宙
洪
荒

日	月	盈	昃
날 일	달 월	찰 영	기울 측
日 冂 日 日	丿 刀 月 月	乃 及 及 及 盈 盈 盈	昃 昃 昃 昃 昃 昃 昃

해는 서쪽으로 기울고 달은 한 달에 한 번 차고 기울어진다.

日
月
盈
昃

辰	宿	列	張
별 진	별 수	벌릴 렬	베풀 장
辰 辰 辰 辰 辰 辰 辰	宿 宿 宿 宿 宿 宿 宿	列 列 列 列 列 列	張 張 張 張 張 張 張

별들도 제자리가 있어서 하늘에 넓게 퍼져 있다.

辰
宿
列
張

한석봉 천자문

寒	來(来)	暑	往(徏)
찰 한	올 래	더울 서	갈 왕
寒寔寒寔寔寒寒	禾來來來來來來	暑昌昌暑昇昇暑	往往往往往往往

추위가 오면 더위가 물러간다는 말로, 계절의 바뀜을 뜻한다.

寒來暑往

秋	收	冬	藏
가을 추	거둘 수	겨울 동	감출 장
秋秋秋秋秋秋	收收收收收收	冬冬冬冬冬	藏藏藏藏藏藏藏

가을에는 곡식을 거두어들이며 겨울이 오면 소중히 갈무리한다.

秋收冬藏

閏	餘	成	歲
윤달 윤	남을 여	이룰 성	해 세
閏閏閏閏閏閏	餘餘餘餘餘餘	成成成成成成	歲歲歲歲歲歲
閏	餘	成	歲

윤달은 남은 시간을 모아 해(윤년)를 이룬다.

閏 餘 成 歲

律	呂	調	陽
법률 률	음률 려	고를 조	볕 양
律律律律律律	呂呂呂呂呂呂	調調調調調調	陽陽陽陽陽陽
律	呂	調	陽

법률과 음률로 천지간의 음양을 고르게 한다.

律 呂 調 陽

한석봉 천자문

雲	騰	致	雨
구름 운	오를 등	이를 치	비 우

수증기가 증발하여 구름이 되고 찬 기운을 만나면 비를 내리게 한다.

雲騰致雨

露	結	爲	霜
이슬 로	맺을 결	할 위	서리 상

이슬이 맺혀 찬 기운에 닿으면 서리가 된다.

露結爲霜

金	生	麗	水
쇠 금	낳을 생	고울 려	물 수
人今今全全余金金	ノ仁牛牛生	麗麗严严麗麗	丿才水水

금은 여수에서 나온다.

金生麗水

玉	出	崑	岡
구슬 옥	날 출	메 곤	메 강
一二千王玉	一十出出出	崑崑崑崑崑崑崑	门門門冈冈岡岡

옥은 곤륜산에서 나온다.

玉出崑岡

한석봉 천자문

劍	號	巨	闕
칼 검	이름 호	클 거	대궐 궐

칼은 구야자가 만든 거궐 보검을 제일로 삼는다.

劍號巨闕

珠	稱	夜	光
구슬 주	일컬을 칭	밤 야	빛 광

구슬은 중국 조나라의 야광을 보물로 삼는다.

珠稱夜光

果	珍	李	柰	과일은 오얏과 벚을 보배로 여긴다.
과실 과	보배 진	오얏 리	벚 내	
果果果果果果果	珍珍珍珍珍珍珍	李李李李李李李	柰柰柰柰柰柰柰	

菜	重	芥	薑	채소는 겨자와 생강을 중히 여긴다.
나물 채	무거울 중	겨자 개	생강 강	
菜菜菜菜菜菜菜	重重重重重重重	芥芥芥芥芥芥芥	薑薑薑薑薑薑薑	

한석봉 천자문

海	鹹(鹹)	河	淡
바다 해	짤 함	물 하	맑을 담

바닷물은 짜고 민물은 담백하고 맑다.

海 鹹 河 淡

鱗	潛(潛)	羽	翔
비늘 린	잠길 잠	깃 우	날개 상

비늘 있는 고기는 물 속에 잠겨 있고 깃 있는 새는 공중을 난다.

鱗 潛 羽 翔

龍	師	火	帝
용 룡	스승 사	불 화	임금 제

복희씨는 용으로써, 신농씨는 불로써 벼슬 이름을 기록하였다.

龍師火帝

鳥	官	人	皇
새 조	벼슬 관	사람 인	임금 황

벼슬 이름을 새로써 기록하고 인문을 크게 밝힌 황제가 있다.

鳥官人皇

한석봉 천자문

始	制	文	字
처음 시	지을 제	글월 문	글자 자
始始始始始始	制制制制制制制	文文文文	字字字字字字
始	制	文	字

복희씨 때 창힐은 새의 발자국을 보고 문자를 처음 만들었다.

始制文字

乃	服	衣	裳
이에 내	옷 복	옷 의	치마 상
乃乃	服服服服服服	衣衣衣衣衣衣	裳裳裳裳裳裳裳
乃	服	衣	裳

황제 때 호조로 하여금 처음으로 옷을 지어 입도록 하였다.

乃服衣裳

推	位	讓	國
밀 **추**	자리 **위**	사양할 **양**	나라 **국**
推推推推推推推	位位位位位位位	讓讓讓讓讓讓讓	同同同同國國國國

인재를 발굴하여 천자의 자리와 나라를 물려주었다.

推位讓國

有	虞	陶	唐
있을 **유**	나라이름 **우**	질그릇 **도**	당나라 **당**
有有有有有有	虞虞虞虞虞虞	陶陶陶陶陶陶陶	唐广庐庐唐唐唐

이들은 유우(순임금)씨와 도당(요임금)씨이다.

有虞陶唐

한석봉 천자문

弔	民	伐	罪
슬퍼할 조	백성 민	칠 벌	허물 죄
弔弔弓弔	民民民民民	伐伐仁代伐伐	罪罪罪罪罪罪罪
弔	民	伐	罪

불쌍한 백성을 구출하여 위문하고 죄를 지은 임금을 벌하였다.

弔民伐罪

周	發	殷	湯
나라 주	필 발	나라이름 은	끓을 탕
刀月冂冃周周周	發發發發發發	殷丘皀皀殷殷	湯湯湯湯湯湯湯
周	發	殷	湯

포악한 임금인 은나라 주왕을 주나라 발왕이, 하나라 걸왕을 은나라 탕왕이 각각 물리쳤다.

周發殷湯

坐	朝	問	道
앉을 좌	아침 조	물을 문	길 도

왕위에 오른 어진 임금은 백성을 다스리는 올바른 길을 신하에게 묻는다.

坐朝問道

垂	拱	平	章
드리울 수	팔짱낄 공	평평할 평	글월 장

임금이 바른 정치를 펴서 나라가 평온해지면 백성은 비단옷을 입고 팔짱을 끼고 다닌다.

垂拱平章

한석봉 천자문

임금은 마땅히 백성을 사랑으로 다스리고 보살펴야 한다.

임금이 백성을 잘 다스리니 오랑캐들도 감화되어 신하로 복종한다.

遐	邇	壹	體
멀 하	가까울 이	한 일	몸 체

어진 임금 아래에는 멀고 가까운 나라가 하나가 된다.

遐邇壹體

率	賓	歸	王
거느릴 솔	손 빈	돌아갈 귀	임금 왕

온 나라가 따르고 복종하여 어진 임금에게 돌아온다.

率賓歸王

한석봉 천자문

鳴	鳳	在	樹(樹)
울 명	봉황새 봉	있을 재	나무 수
鳴鳴鳴鳴鳴鳴鳴	几凡凡鳳鳳鳳鳳	一ナイ在在在	村村柞枯植樹樹

훌륭한 임금과 성현이 나타나면 길조인 봉황은 나무 위에서 운다.

鳴鳳在樹

白	駒(駒)	食	場(場)
흰 백	망아지 구	밥 식	마당 장
白白白白白	駒駒馬馬駒駒	人人今今食食食	圵坦坦塲塲場場

임금의 덕은 짐승에게까지 미쳐 흰 망아지도 마당에서 풀을 뜯는다.

白駒食場

化	被	草	木
될 화	입을 피	풀 초	나무 목

어진 임금의 교화敎化가 풀과 나무에까지 미친다.

化被草木

賴	及	萬	方
힘입을 뢰	미칠 급	일만 만	모 방

임금의 어진 덕이 만방에 고르게 미친다.

賴及萬方

한석봉 천자문

蓋	此	身	髮
덮을 개	이 차	몸 신	터럭 발
蓋蓋葦葦蓋蓋	上 上 止 此 此	身 身 亻 自 身 身	髟 長 長 髟 髣 髮 髮

사람의 몸과 털 하나까지도 부모로부터 받은 소중한 것이다.

蓋此身髮

四	大	五	常
넉 사	큰 대	다섯 오	떳떳할 상
丨 冂 冂 四 四	一 ナ 大	一 丁 五 五	常常常常常常常

네 가지 큰 것과 다섯 가지 떳떳함이 있다.

四大五常

恭	惟	鞠	養
공손할 공	오직 유	기를 국	기를 양

부모가 낳아서 길러주신 은혜를 공손한 마음으로 감사하게 생각한다.

恭惟鞠養

豈	敢	毀	傷
어찌 기	감히 감	헐 훼	상할 상

부모로부터 받은 이 몸을 어찌 감히 더럽히거나 상하게 할 수 있겠는가.

豈敢毀傷

한석봉 천자문

女	慕	貞	烈
계집 녀	사모할 모	곧을 정	매울 렬
ㄟ 女 女	莫 草 草 莫 莫 慕 慕	ㅏ ㅏ 占 卣 貞 貞	ㄱ ㄹ ㄹ 列 列 烈 烈
女	慕	貞	烈

여자는 정조를 지키고 행실을 단정히 할 것을 생각해야 한다.

女慕貞烈

男	效	才	良
사내 남	본받을 효	재주 재	어질 량
男 男 男 男 男 男 男	效 效 效 效 效 效	十 十 才	良 良 良 良 良 良 良
男	效	才	良

남자는 재주와 어진 것을 본받아 훌륭한 사람이 되어야 한다.

男效才良

知	過	必	改
알 지	허물 과	반드시 필	고칠 개

사람은 누구나 허물이 있으니 허물을 알면 반드시 고쳐야 한다.

知過必改

得	能	莫	忘
얻을 득	능할 능	말 막	잊을 망

사람으로서 알아야 할 것을 배운 후에는 결코 잊지 않도록 한다.

得能莫忘

한석봉 천자문

罔	談	彼	短
없을 망	말씀 담	저 피	짧을 단

다른 사람의 단점을 알았더라도 말하지 말라.

罔談彼短

靡	恃	己	長
아닐 미	믿을 시	몸 기	좋을 장

자기의 장점을 믿고 자랑하지도 말고 교만하지도 말라.

靡恃己長

信	使	可	覆	믿음이 진리인 줄 알면 마땅히 되풀이하여 실천해라.
믿을 신	하여금 사	옳을 가	실천할 복	
信信信信信信信	使使使使使使使	可可可可可	覆覆覆覆覆覆覆	信 使 可 覆
信	使	可	覆	

器	欲	難	量	사람의 도량은 깊고도 깊어 헤아리기 어렵다.
그릇 기	하고자할 욕	어려울 난	헤아릴 량	
器器器器器器器	欲欲欲欲欲欲欲	難難難難難難難	量量量量量量量	器 欲 難 量
器	欲	難	量	

한석봉 천자문

墨	悲	絲	染
먹 묵	슬플 비	실 사	물들일 염

묵자는 흰 실이 검게 물드는 것을 보고 슬퍼하였다.

墨悲絲染

詩	讚	羔	羊
글 시	기릴 찬	염소 고	양 양

《시경》고양편에서 주문왕의 덕이 소남국까지 미쳤던 것을 칭찬했다.

詩讚羔羊

景	行	維	賢	사람으로서 항상 행실을 바르고 당당하게 행하면 어진 사람이 된다.
볕 경	행할 행	벼리 유	어질 현	

景行維賢

克	念	作	聖	힘써 생각하고 수양을 쌓으면 성인이 된다.
이길 극	생각할 념	지을 작	성인 성	

克念作聖

한석봉 천자문

德	建	名	立
큰 덕	세울 건	이름 명	설 립
彳彳徳徳徳徳德	建建聿聿建建	夕夕夕夕名名	亠亠立立立

항상 덕으로써 행하면 그 덕행이 쌓여 이름 또한 바로 서게 된다.

德建名立

形	端	表	正
형상 형	바를 단	겉 표	바를 정
一二于开形形形	立立立端端端	一三圭表表表表	一丁下正正

생김새가 단정하고 깨끗하면 정직함이 겉으로 드러난다.

形端表正

空	谷	傅	聲
빌 공	골 곡	전할 전	소리 성

성현 말씀은 빈 골짜기에 소리가 울려 퍼지듯 멀리까지 전해진다.

空谷傅聲

虛	堂	習	聽
빌 허	집 당	익힐 습	들을 청

빈 집에서 소리가 잘 들리는 것처럼 항상 말과 행동을 조심해라.

虛堂習聽

한석봉 천자문

禍	因 曰	惡	積
재앙 화	인할 인	악할 악	쌓을 적

재앙은 악이 쌓인 데에서 비롯된다.

福	緣	善	慶
복 복	인연 연	착할 선	경사 경

복은 착하고 경사스러운 일에서 비롯된다.

尺	璧	非	寶
자 척	구슬 벽	아닐 비	보배 보
尺 尺 尺 尺	璧 璧 璧 璧 璧 璧	非 非 非 非 非 非	寶 寶 寶 寶 寶 寶

한 자나 되는 구슬일지라도 진정한 보배는 아니다.

尺璧非寶

寸	陰	是	競
마디 촌	그늘 음	이 시	다툴 경
寸 寸 寸	陰 陰 陰 陰 陰 陰	是 是 是 是 是 是	競 競 競 競 競 競

물질적인 것보다 시간이 더 소중하니 짧은 시간이라도 잘 사용해야 한다.

寸陰是競

한석봉 천자문

資	父	事	君
바탕 자	아비 부	섬길 사	임금 군

부모를 섬기는 마음으로 임금을 섬기다.

資父事君

曰	嚴	與	敬
가로 왈	엄할 엄	더불 여	공경할 경

그것은 엄숙한 마음으로 공경하는 것이다.

曰嚴與敬

孝	當	竭(竭)	力	효도는 마땅히 힘을 다해야 한다.
효도 효	마땅할 당	다할 갈	힘 력	
孝孝孝孝孝孝	當當當當當當	渴竭竭竭竭竭	丿力	
孝	當	竭	力	孝當竭力

忠	則	盡(盡)	命	충성은 목숨을 다해야 한다.
충성 충	곧 즉	다할 진	목숨 명	
忠忠忠忠忠忠	冂月貝貝則則	盡盡盡盡盡盡	人今合命命命	
忠	則	盡	命	忠則盡命

한석봉 천자문

臨	深	履	薄
임할 임	깊을 심	밟을 리	얇을 박

부모 앞에서는 깊은 물에 임한 듯, 얇은 얼음을 밟는 듯 조심해서 행동해야 한다.

臨深履薄

夙	興	溫	凊
일찍 숙	흥할 흥	따뜻할 온	서늘할 정

아침에 일찍 일어나서 부모의 덥고 서늘함을 살펴야 한다.

夙興溫凊

似	蘭	斯	馨
같을 사	난초 란	이 사	향기 형
似似似似似似	蘭蘭蘭蘭蘭蘭	斯斯斯斯斯斯	馨馨馨馨馨馨

군자의 지조와 절개는 난초의 향기처럼 멀리 퍼져 나간다.

似蘭斯馨

如	松	之	盛
같을 여	소나무 송	갈 지	성할 성
如如如如如	松松松松松松	之之之	盛盛成成盛盛

군자의 지조와 절개는 항상 푸르른 소나무와 같이 성하다.

如松之盛

한석봉 천자문

川	流	不	息
내 천	흐를 류	아니 불	쉴 식

냇물은 쉬지 않고 흐른다.

川流不息

淵	澄	取	暎
못 연	맑을 징	취할 취	비칠 영

연못 물이 맑아 속이 훤히 보이듯 군자는 꾸밈없이 행동해야 한다.

淵澄取暎

容	止	若	思
얼굴 용	그칠 지	같을 약	생각 사
宀宀宀宀宀容容	丨丨止止	若若艹茓若若	思思思思思思
容	止	若	思

자신의 행동에 과실이 없도록 항상 깊이 생각하고 살펴야 한다.

容止若思

言	辭	安	定
말씀 언	말씀 사	편안 안	정할 정
言言言言言言	辭辭辭辭辭辭	安安安安安安	定定定定定定定
言	辭	安	定

그리하여 말하는 것도 항상 안정되고 필요 없는 말은 하지 않는다.

言辭安定

한석봉 천자문

篤	初	誠	美
도타울 독	처음 초	정성 성	아름다울 미

매사에 처음 시작을 독실하게 하는 것이 진실로 아름다운 것이다.

篤初誠美

愼	終	宜	令
삼갈 신	마칠 종	마땅 의	하여금 령

처음뿐 아니라 마무리도 성실히 하면 마땅히 좋은 결과를 얻을 수 있다.

愼終宜令

榮	業	所	基
영화 영	업 업	바 소	터 기

바른 행실은 입신 출세의 바탕이 된다.

籍	甚	無	竟
호적 적	심할 심	없을 무	마침내 경

이렇게 하면 명성은 끝없이 빛나리라.

한석봉 천자문

學	優	登	仕
배울 학	넉넉할 우	오를 등	벼슬 사

학문이 우수하고 넉넉하면 벼슬길에 오를 수 있다.

學優登仕

攝	職	從	政
잡을 섭	벼슬 직	좇을 종	정사 정

그렇게 되면 벼슬길에 올라 정사에 참여할 수 있다.

攝職從政

存	以	甘	棠
있을 존	써 이	달 감	해당화 당

주나라 소공이 남국의 감당나무 아래에서 정무를 살펴 백성을 교화하였다.

存以甘棠

去	而	益	詠
갈 거	어조사 이	더할 익	읊을 영

소공이 죽은 후 남국의 백성이 그의 덕을 추모하여 감당시를 읊었다.

去而益詠

한석봉 천자문

樂	殊	貴	賤
풍류 악	다를 수	귀할 귀	천할 천

풍류는 사람의 귀천에 따라 다르게 했다.

樂 殊 貴 賤

禮	別	尊	卑
예도 례	다를 별	높을 존	낮을 비

예절도 높고 낮음의 구별이 있다.

禮 別 尊 卑

上	和	下	睦
위 상	화할 화	아래 하	화목할 목
丨 上 上	和 和 和 和 和 和	下 丁 下	目 目 目 睦 睦 睦 睦

윗사람이 사랑으로 아랫사람을 대하면 아랫사람이 윗사람을 공경하니 화목하다.

上 和 下 睦

夫	唱	婦	隨
지아비 부	부를 창	아내 부	따를 수
一 二 夫 夫	唱 唱 唱 唱 唱 唱	女 女 婦 婦 婦 婦 婦	隨 隨 隨 隨 隨 隨

남편이 어떠한 일을 정하면 아내가 따르되 앞서 나아가지 않는다.

夫 唱 婦 隨

한석봉 천자문

外	受 受	傅	訓
밖 외	받을 수	스승 부	가르칠 훈
ノクタ外外	爫爫爯受受受受	亻侊偅傅傅傅	亠言言言訓訓

8세가 되면 밖으로 나가서 스승의 가르침을 받아야 한다.

外受傅訓

入	奉	母	儀
들 입	받들 봉	어미 모	거동 의
八入	三丰夫表奉奉	乚母母母母	亻佯佯佯儀儀儀

집에 들어와서는 어머니의 행동과 언행을 본받는다.

入奉母儀

諸	姑	伯	叔
모두 제	고모 고	맏 백	아재비 숙
諸諸諸諸諸諸諸	女女女妙姑姑	伯伯伯伯伯伯	叔叔叔叔叔叔
諸	姑	伯	叔

고모와 백부, 숙부는 아버지의 형제 자매이니 잘 모셔야 한다.

諸姑伯叔

猶	子	比	兒
같을 유	아들 자	견줄 비	아이 아
猶猶猶猶猶猶猶	子子子	比比比比	兒兒兒兒兒兒兒
猶	子	比	兒

조카들도 자기 자식과 같이 대해야 한다.

猶子比兒

한석봉 천자문

孔	懷懷	兄	弟弟
매우 공	품을 회	맏 형	아우 제
孔了孔孔	忄忄忄忄忄懷懷	兄兄兄尸兄	弟弟弟弟弟弟弟

형제는 서로 사랑하고 도우며 의좋게 지내야 한다.

孔懷兄弟

同	氣	連	枝
한가지 동	기운 기	이어질 연	가지 지
同冂冂同同同	气氣气气氣氣氣	连迊迊車連連	枝十枝木枝枝枝

형제는 부모의 기운을 같이 받았으니 마치 한 나무의 가지와 같다.

同氣連枝

交	友	投 投	分 分
사귈 교	벗 우	던질 투	나눌 분
交文交交交交	友大方友	投投投投投投	分分分分

벗을 사귐에 있어서는 분수에 맞는 사람끼리 사귀어야 한다.

交友投分

切 切	磨	箴	規 規
끊을 절	갈 마	경계할 잠	법 규
切切切切	磨磨磨磨磨磨磨	箴箴箴箴箴箴	規規規規規規

벗은 학문과 덕행을 갈고 닦아 도리를 지켜야 하며 잘못을 바로잡아주어야 한다.

切磨箴規

한석봉 천자문

仁	慈	隱	惻
어질 인	사랑할 자	숨을 은	불쌍히여길 측

어질고 자애로운 마음으로 남을 사랑하고 측은히 여긴다.

仁慈隱惻

造	次	弗	離
지을 조	버금 차	아니 불	떠날 리

잠시라도 측은하게 여기는 마음을 잊어서는 안 된다.

造次弗離

節	義	廉	退	청렴과 절개와 의리와 사양함과 물러남은 늘 지켜야 한다.
절개 절	옳을 의	청렴 렴	물러날 퇴	
节节节节节節節	羊羊羊孝義義義	广广庐庐庐廉廉	退退艮艮浪退	

節義廉退

顚	沛	匪	虧	엎어지고 자빠질 때에도 이지러짐이 있어서는 안 된다.
기울어질 전	자빠질 패	아닐 비	이지러질 휴	
顚顚顚顚顚顚	沛沛汁汁汁汁沛	匪正王丑罪匪	虧虍虍庐庐虧虧	

顚沛匪虧

한석봉 천자문

性	靜 静	情	逸 逸
성품 성	고요할 정	뜻 정	편안할 일

성품이 고요하면 마음도 편안하다.

性靜情逸

心	動	神	疲
마음 심	움직일 동	정신 신	피곤할 피

마음이 불안하면 정신도 피곤해진다.

心動神疲

守	眞 真	志	滿 滿
지킬 수	참 진	뜻 지	찰 만

사람이 본래의 도리를 지키면 뜻이 가득 찬다.

守眞志滿

逐	物	意	移
쫓을 축	재물 물	뜻 의	옮길 이

사람이 욕심을 내면 마음도 변한다.

逐物意移

한석봉 천자문

堅	持	雅	操
굳을 견	가질 지	우아할 아	지조 조

착한 마음과 바른 지조를 굳게 지키고 살아가라.

堅持雅操

好	爵	自	縻
좋을 호	벼슬 작	스스로 자	얽을 미

이렇게 사노라면 좋은 벼슬은 저절로 얻게 된다.

好爵自縻

都	邑	華	夏
도읍 도	고을 읍	빛날 화	여름 하
圡 耂 者 者 者 都 都	口 口 吕 吕 吕 邑	艹 艹 华 华 苹 華 華	一 丆 丆 百 百 夏 夏
都	邑	華	夏

한 나라의 도읍을 화하華夏에 세웠다.

| 都 |
| 邑 |
| 華 |
| 夏 |

東	西	二	京
동녘 동	서녘 서	두 이	서울 경
東 東 東 東 東 東 東	西 西 西 西 西 西	二 二	京 京 京 京 京 京 京
東	西	二	京

동쪽과 서쪽에 두 수도를 세우니 후세 사람들이 이를 이경이라 불렀다.

| 東 |
| 西 |
| 二 |
| 京 |

067

한석봉 천자문

背	邙	面	洛
등 배	북망산 망	향할 면	강이름 락
背背背背背背背	邙邙邙邙邙	面面面面面面面	洛洛洛洛洛洛
背	邙	面	洛

동경인 낙양은 북망산 邙山을 뒤에 두고 낙수 洛水를 앞에 두었다.

背
邙
面
洛

浮	渭	據	涇
뜰 부	강이름 위	의거할 거	물이름 경
浮浮浮浮浮浮浮	渭渭渭渭渭渭渭	據據據據據據	涇涇涇涇涇涇
浮	渭	據	涇

서경인 장안은 위수 渭水가에 있고 경수 涇水를 의지하고 있다.

浮
渭
據
涇

宮	殿	盤	鬱
집 궁	대궐 전	서릴 반	답답할 울

궁전은 울창한 나무 사이에 가린 듯 웅장하다.

宮殿盤鬱

樓	觀	飛	驚
다락 루	볼 관	날 비	놀랄 경

궁전의 다락과 망루는 마치 하늘을 나는 듯 높이 솟아 있는 형상이다.

樓觀飛驚

한석봉 천자문

圖	寫 寫	禽	獸 獸
그림 도	베낄 사	날짐승 금	짐승 수

궁전 내부에는 새와 짐승의 그림으로 벽을 장식하였다.

圖 寫 禽 獸

畫 畫	綵	仙	靈
그림 화	비단 채	신선 선	신령 령

또한 신선과 신령들의 그림도 곱게 채색하여 그렸다.

畫 綵 仙 靈

丙	舍	傍	啓
남녘 병	집 사	곁 방	열 계
丙丙丙丙丙	人人今全舍舍舍	住住住住傍傍	户户产所所啓

신하들이 쉬는 병사丙舍의 양 옆으로 문을 내어 편리를 도모했다.

丙舍傍啓

甲	帳	對	楹
갑옷 갑	휘장 장	대할 대	기둥 영
甲口日甲	帳帳帳帳帳帳	對對對對對對	木杧柊楹楹楹

궁중에서 치는 휘장인 갑장甲帳도 두 기둥 사이에 맞서 늘어져 있다.

甲帳對楹

한석봉 천자문

肆	筵	設	席
베풀 사	자리 연	베풀 설	자리 석

임금이 신하를 불러 돗자리를 깔고 잔치를 베풀다.

肆筵設席

鼓	瑟	吹	笙
북 고	비파 슬	불 취	생황 생

궁중의 연회에는 북 치고 비파를 타고 생황을 불어 흥을 돋운다.

鼓瑟吹笙

陞	階	納	陛
오를 승	계단 계	바칠 납	대궐섬돌 폐

문무백관이 계단을 올라 임금을 뵙는 절차를 이른다.

陞階納陛

弁	轉	疑	星
고깔 변	구를 전	의심할 의	별 성

입궐하는 대신들의 관에 장식된 보석의 움직임이 별인 듯 의심할 정도다.

弁轉疑星

한석봉 천자문

右	通	廣	内
오른 우	통할 통	넓을 광	안 내
ノナナ右右	通甬甬甬甬涌通	广广广庐庐庐庐廣	冂冂内内
右	通	廣	内

오른쪽으로는 광내전[국립도서관]과 통한다.

右
通
廣
内

左	達	承	明
왼 좌	통달할 달	이을 승	밝을 명
一ナ左左左	辶辛幸幸幸達達	丁了了手承承	冂冂日日明明明
左	達	承	明

왼쪽으로는 승명려[휴게실과 숙직실을 겸하던 곳]에 통한다.

左
達
承
明

旣	集	墳	典
이미 기	모을 집	무덤 분	법 전

광내전에 이미 삼분과 오전 [삼황오제의 경전]을 모았다.

旣集墳典

亦	聚	羣	英
또 역	모을 취	무리 군	영웅 영

또한 여러 영재들을 모아 분전을 강론하여 치국의 도를 밝혔다.

亦聚羣英

한석봉 천자문

두고는 초서草書에, 종요는 예서隸書에 뛰어난 명필이었다.

대나무에 옻으로 쓴 벽경이 있다.

府	羅	將	相
관청 부	벌릴 라	장수 장	정승 상

부府에는 장수와 정승이 늘어서 있다.

府羅將相

路	俠	槐	卿
길 로	낄 협	홰나무 괴	벼슬 경

큰 길을 끼고 대신들의 집이 들어서 있다.

路俠槐卿

한석봉 천자문

戶	封	八	縣
집 호	봉할 봉	여덟 팔	고을 현
戶戶戶戶	刲封封封封封	八八	縣縣縣縣縣縣
戶	封	八	縣

팔현八縣의 호 戶를 주어 공신을 봉하였다.

戶封八縣

家	給	千	兵
집 가	줄 급	일천 천	군사 병
家家家家家家	給給給給給給給	千千千	兵兵兵兵兵兵兵
家	給	千	兵

공신에게는 천 명의 병사를 주었다.

家給千兵

髙	冠	陪	輦
높을 고	갓 관	모실 배	연 련

높은 관을 쓴 대신들이 임금의 연(수레)을 모신다.

髙冠陪輦

驅	轂	振	纓
몰 구	바퀴 곡	떨칠 진	끈 영

임금의 연이 달릴 때 바퀴 소리 요란하고 머리에 쓴 갓끈이 진동한다.

驅轂振纓

한석봉 천자문

世	祿	侈	富
대대 세	녹봉 록	사치할 치	부자 부
世十世世世	祿祢祿秇祿祿祿	ノイ仁仔侈侈侈	富宀宫宫富富富
世	祿	侈	富

임금이 내리는 세록을 받은 공신들은 자자손손 풍요롭게 살았다.

世祿侈富

車	駕	肥	輕
수레 거	멍에 가	살찔 비	가벼울 경
車丆丙百亘車	力駕駕駕駕駕駕	肥月肌肥肥肥	百亘車軒輕輕輕
車	駕	肥	輕

말이 살찌고 튼튼해서 무거운 물건도 가볍게 끌 수 있다.

車駕肥輕

策	功 功	茂 茂	實
꾀 책	공 공	무성할 무	열매 실
策策策策策策策	功功功功	茂茂茂芹茂茂	宀宀宀宀宀寊實

공로를 따져 실적에 힘쓰게 하다.

策 功 茂 實

勒	碑 碑	刻	銘
새길 륵	비석 비	새길 각	새길 명
勒勒勒勒勒勒	碑碑碑碑碑碑	刻刻刻刻刻刻	銘銘銘銘銘銘

공적을 비석에 기록하여 후세 에까지 전하도 록 하였다.

勒 碑 刻 銘

081

한석봉 천자문

磻	溪	伊	尹
강이름 반	시내 계	저 이	다스릴 윤

주문왕은 반계에서 강태공을, 은탕왕은 신야에서 이윤을 맞아들였다.

磻溪伊尹

佐	時	阿	衡
도울 좌	때 시	언덕 아	저울대 형

아형(이윤)은 때를 도와서 공을 세워 재상이 되었다.

佐時阿衡

奄	宅	曲	阜 (阜)	주나라 성왕이 주공에게 보답하고자 곡부 땅에 큰 집을 지어주었다.
문득 엄	집 택	굽을 곡	언덕 부	
一ナ大木夲夳奄奄	宅宅宅宅宀宅	曰冂甴甶曲曲	白白皀皀皁阜	奄宅曲阜
奄	宅	曲	阜	

微 (微)	旦	孰 (孰)	營 (營)	주공 단旦이 아니면 누가 그 거대한 집을 경영할 수 있겠는가!
작을 미	아침 단	누구 숙	경영 영	
微微微微微微	旦口日旦	孰享享享孰孰	營營營營營營	微旦孰營
微	旦	孰	營	

한석봉 천자문

桓	公	匡	合
굳셀 **환**	벼슬이름 **공**	바를 **광**	모을 **합**
桓桓桓桓桓桓桓	八八公公	匡匡匡匡匡匡	合合合合合合

제나라 환공은 작은 나라들을 뭉치게 하여 초나라를 물리치고 천하를 바로 잡았다.

桓 公 匡 合

濟	弱	扶	傾
건질 **제**	약할 **약**	도울 **부**	기울 **경**
濟濟濟濟濟濟濟	弓弓弱弱弱弱	扶扶扶扶扶扶	傾傾傾傾傾傾

그리고 그는 약하고 기울어져 가는 나라를 도와 구제해 주었다.

濟 弱 扶 傾

綺	回	漢	惠
비단 기	돌아올 회	나라 한	은혜 혜
糸糸糽綷綷綺綺	回冂囗回回回	氵汁汁洴淳漢漢	亠車車車車惠惠

진나라 기리계 綺里季는 한나라 혜제惠帝를 도와주었다.

綺回漢惠

說	感	武	丁
기뻐할 열	느낄 감	호반 무	고무래 정
訁訁訁訁訙説説	厂厈咸咸咸感感	一二千千武武	丁丁

재상으로 발탁된 부열은 중흥의 위업을 달성하여 무정을 감동시켰다.

說感武丁

한석봉 천자문

俊	乂	密	勿
준걸 준	어질 예	빽빽할 밀	말 물
佟佟佟佟俊俊俊	ノ乂	宀宀宀宓宓密密	勹勹勿勿

준걸과 재사들이 조정에 모여 열심히 일한다.

俊乂密勿

多	士	寔	寧
많을 다	선비 사	진실로 식	편안 녕
ノクタ多多多	一十士	宀宀宀宁宁寔寔	宀宀宀宁富富寧

이처럼 많은 선비가 있어 나라가 진실로 편안하다.

多士寔寧

晉	楚	更	霸
나라 진	나라 초	다시 갱	으뜸 패

진晉나라와 초楚나라가 번갈아 패권을 잡았다.

晉 楚 更 霸

趙	魏	困	橫
나라 조	나라 위	곤할 곤	비낄 횡

조趙나라와 위魏나라는 연횡책으로 곤경에 빠졌다.

趙 魏 困 橫

한석봉 천자문

假	途	滅	虢
빌 가	길 도	멸할 멸	나라 괵
亻亻亻假假假假	人今余余涂途途	氵沪沪沪沪滅滅滅	号号号号號號號

진헌공晉獻公은 우나라의 길을 빌려 괵나라를 치고는 돌아가는 길에 우나라도 멸망시켰다.

假途滅虢

踐	土	會	盟
밟을 천	흙 토	모일 회	맹세 맹
趴趴趴跬跬踐踐	一十土	人今今今會會會	冂日明明明盟盟

진문공晉文公이 천토에서 주양왕을 모시고 제후들에게 맹세를 받았다.

踐土會盟

何	遵	約	法
어찌 하	좇을 준	약속할 약	법 법
何何何仃何何何	遵遵遵遵遵遵遵	約約約約約約約	法法法法法法法
何	遵	約	法

소하는 세 가지 간소한 법으로 나라를 다스렸다.

何
遵
約
法

韓	弊	煩	刑
나라 한	폐단 폐	번거로울 번	형벌 형
韓韓韓韓韓韓	弊弊弊弊弊弊弊	煩煩煩煩煩煩煩	刑刑刑刑刑刑
韓	弊	煩	刑

한비자가 만든 법은 번거롭고 가혹하여 오히려 많은 폐해를 불러왔다.

韓
弊
煩
刑

한석봉 천자문

起	翦	頗	牧
일어날 기	자를 전	자못 파	칠 목
起ㅊㅌ走走起起	肖肖前前翦翦	厂广皮皮頗頗頗	牛牛牛牧牧牧
起	翦	頗	牧

명장으로는 백기白起, 왕전王翦, 염파廉頗, 이목李牧이 있다.

起翦頗牧

用	軍	最	精
쓸 용	군사 군	가장 최	정할 정
月月月月用	軍軍宣宣宣軍	最最最最最最	精精精精精精
用	軍	最	精

이 네 장수는 용병술에 가장 정밀하고 능숙하였다.

用軍最精

宣	威	沙	漠
베풀 선	위엄 위	모래 사	아득할 막
宣宣宁宁宣宣宣	厂厂厂戍戍威威威	氵氵氵沙沙沙	漠漠漠漠漠漠漠

그 위엄은 멀리 오랑캐가 사는 사막에까지 퍼졌다.

宣威沙漠

馳	譽	丹	青
달릴 치	칭찬할 예	붉을 단	푸를 청
馳馳馬馬馳馳馳	舉舉舉舉舉譽	刀月月丹	青青青青青青

장수의 얼굴을 그려 그 명예가 후세에까지 전해지도록 하였다.

馳譽丹青

한석봉 천자문

九	州	禹	跡
아홉 구	고을 주	임금 우	자취 적
九九	州州州州州州	禹禹禹禹禹禹	跡跡跡跡跡跡
九	州	禹	跡

9주는 우禹임금 공적의 자취이다.

九
州
禹
跡

百	郡	秦	并
일백 백	고을 군	나라 진	합할 병
百百百百百百	郡郡郡郡郡郡	秦秦秦秦秦秦	并并并并并并并
百	郡	秦	并

진시황은 천하를 통일하여 전국을 100개의 군郡으로 나누어 다스렸다.

百
郡
秦
并

嶽	宗	恒	岱
큰산 악	마루 종	항상 항	뫼 대

오악五嶽 중 항산恒山과 대산岱山을 그 근본으로 삼았다.

禪	主	云	亭
터닦을 선	임금 주	이를 운	정자 정

대산에서는 천신께, 운운산과 정정산에서는 지신께 제사드렸다.

한석봉 천자문

鴈	門	紫	塞
기러기 안	문 문	붉을 자	변방 새

산서성 북쪽으로는 안문관이, 동서로는 흙빛이 붉은 만리장성이 둘러 있다.

鴈門紫塞

雞	田	赤	城
닭 계	밭 전	붉을 적	성 성

북쪽에는 계전이, 남쪽에는 붉은 돌이 많아 이름 붙여진 적성이 있다.

雞田赤城

昆	池	碣	石
만 곤	못 지	돌 갈	돌 석
昆昆昆昆昆昆	池池池汕池池	碣碣碣碣碣碣	石石石石石
昆	池	碣	石

곤지는 장안 서남쪽에 파놓은 연못이고 갈석은 동해가에 우뚝 서 있었다.

昆 池 碣 石

鉅	野	洞	庭
클 거	들 야	고을 동	뜰 정
鉅鉅鉅鉅鉅鉅	野野野野野野	洞洞洞洞洞洞洞	庭庭庭庭庭庭庭
鉅	野	洞	庭

거야는 태산 동쪽에 있는 광활한 들이며 동정호는 중국 제일의 호수이다.

鉅 野 洞 庭

한석봉 천자문

曠	遠	綿	邈
넓을 광	멀 원	이어질 면	멀 막

모든 산과 호수와 평야가 아득하고 멀리 이어져 있다.

曠遠綿邈

巖	岫	杳	冥
바위 암	묏부리 수	아득할 묘	어두울 명

산의 골짜기와 바위는 마치 동굴과도 같아 깊고 어둡다.

巖岫杳冥

治	本	於	農	농사로써 나라 다스림의 근본으로 삼았다.
다스릴 치	근본 본	어조사 어	농사 농	
治治治治治治治	一十才木本	方方方方於於於	曲曲農農農農農	

治本於農

務	茲	稼	穡	이에 심고 거두는 일에 힘쓰게 한다.
힘쓸 무	이 자	심을 가	거둘 색	
矛矛矛矛務務務	茲茲茲茲茲茲	禾稼稼稼稼稼稼	禾秆秆穑穑穑穑	

務茲稼穡

한석봉 천자문

俶	載	南	畝
비로소 숙	일할 재	남녘 남	이랑 묘

봄이 되면 비로소 양지바른 남쪽 이랑부터 씨를 뿌리기 시작한다.

俶載南畝

我	藝	黍	稷
나 아	심을 예	기장 서	피 직

나는 정성껏 기장과 피를 심으리라.

我藝黍稷

稅	熟	貢	新	곡식이 익으면 세금을 냈고 햇곡식으로 종묘에 제사를 올린다.
징수할 세	익을 숙	바칠 공	새 신	稅 熟 貢 新

勸	賞	黜	陟	농사를 잘 지은 사람에게는 상을, 권농을 게을리한 관리는 내쫓았다.
권할 권	상줄 상	물리칠 출	오를 척	勸 賞 黜 陟

099

한석봉 천자문

맏 맹	수레 가	도타울 돈	흴 소

맹자는 본바탕을 돈독히 닦았다.

역사 사	물고기 어	잡을 병	곧을 직

사어는 성격이 매우 곧고 강직하였다.

庶	幾	中	庸	사람은 마음속에 항상 중용의 도를 지켜 행동해야 한다.
무리 서	몇 기	가운데 중	떳떳할 용	
庶广庐庐庶庶庶	幾幺丝丝幾幾幾	中口口中	庸广庐庐庸庸庸	庶幾中庸

勞	謙	謹	勅	그러려면 근로하고 겸손하며 삼가고 경계해야 한다.
힘쓸 로	겸손할 겸	삼갈 근	경계할 칙	
勞勞勞勞勞勞勞	謙謙謙謙謙謙	謹謹謹謹謹謹	勅勅勅勅勅勅	勞謙謹勅

한석봉 천자문

聆	音	察	理
들을 령	소리 음	살필 찰	이치 리

목소리를 듣고서 그 의중을 살펴야 한다.

聆 音 察 理

鑑	貌貌	辨	色
거울 감	모양 모	분별 변	빛 색

용모와 안색을 보고 그 마음 속을 분별할 수 있다.

鑑 貌 辨 色

貽	厥	嘉	猷	사람은 누구나 모범이 될 만한 일을 하여 후손에게 남겨야 한다.
끼칠 이	그 궐	아름다울 가	꾀 유	
1 冂 日 貝 貽 貽 貽	厂 厂 匠 匠 厥 厥 厥	一 吉 吉 吉 吉 嘉 嘉	兯 芥 叙 叙 猷 猷	
貽	厥	嘉	猷	貽厥嘉猷

勉	其	祗	植	올바른 행동을 자기 몸에 익히도록 힘써야 한다.
힘쓸 면	그 기	공경할 지	심을 식	
免 免 免 免 勉 勉 勉	一 十 甘 甘 其 其 其	示 示 示 示 祗 祗	十 木 朽 柿 柿 植 植	
勉	其	祗	植	勉其祗植

한석봉 천자문

省	躬	譏	誡
살필 성	몸 궁	나무랄 기	경계할 계
省省省省省省省	身身身身身躬躬	言誻誻誻譏譏譏	言訂訐訐誡誡誡

자신의 몸가짐을 반성하고 살펴서 경계해야 한다.

省躬譏誡

寵	增	抗	極
사랑할 총	더할 증	저항할 항	다할 극
宀宀宀宀宀寵寵	土圹圹圸增增增	一十扌扌扩抗抗	木朾朾朾枛極極

임금의 총애가 더할수록 교만하지 말고 더욱 조심해야 한다.

寵增抗極

殆	辱	近	恥
위태로울 태	욕될 욕	가까울 근	부끄러울 치

위태롭고 욕된 일을 하면 부끄러움이 몸에 닥친다.

殆辱近恥

林	皐	幸	卽
수풀 림	언덕 고	다행 행	곧 즉

혹여 치욕스런 일을 당하게 되면 자연에 은둔하여 한가하게 지냄이 낫다.

林皐幸卽

한석봉 천자문

兩	疏 疏	見	機 機
두 량	성씨 소	볼 견	기틀 기

두 소씨 즉, 소광과 소수는 때를 보아 상소하고 고향으로 돌아갔다.

兩 疏 見 機

解 解	組	誰	逼
풀 해	인끈 조	누구 수	핍박할 핍

인끈을 풀고 물러감에 누가 핍박하겠는가.

解 組 誰 逼

索	居	閑	處
찾을 색	살 거	한가할 한	곳 처
索索索索索索索	居尸尸居居居居	閑閑門門門閑閑	處處虍虍虎處處

벼슬에서 물러나면 한가한 곳에서 조용히 살아야 한다.

索居閑處

沈	默	寂	寥
잠길 침	잠잠할 묵	고요할 적	고요할 요
沈沈沈沈沈沈	默默默默黑默默	寂寂寂宀寂寂寂	寥寥寥宀寥寥寥

자연에서 조용히 사니 고요하구나.

沈默寂寥

한석봉 천자문

求	古	尋	論
구할 구	옛 고	찾을 심	의논할 론

옛 사람의 글에서 진리를 구하고 그 도를 찾아 의논한다.

散	慮	逍	遙
흩어질 산	생각 려	거닐 소	노닐 요

잡된 생각은 흩어버리고 한가로이 거닐며 노닌다.

欣	奏	累	遣
기쁠 흔	아뢸 주	여러 루	보낼 견
欣欣欣欣欣欣欣	奏奏奏奏奏奏奏	累累累累累累累	遣遣遣遣遣遣遣
欣	奏	累	遣

기쁜 일은 아뢰고 나쁜 일은 흘려보낸다.

欣 奏 累 遣

慼	謝	歡	招
슬플 척	하직할 사	기뻐할 환	부를 초
慼慼慼慼慼慼慼	謝謝謝謝謝謝謝	歡歡歡歡歡歡歡	招招招招招招招
慼	謝	歡	招

슬픔은 사라지고 기쁨은 손짓하여 부르듯이 찾아온다.

慼 謝 歡 招

한석봉 천자문

渠	荷	的	歷 麽
개천 거	연꽃 하	과녁 적	역력할 력
渠渠渠渠渠渠渠	荷荷荷荷荷荷荷	的的的的的的的	歷歷歷歷歷歷歷

개천에 만발한 연꽃의 아름다움은 비길 데가 없다.

渠荷的歷

園 園	莽	抽	條
동산 원	풀 망	뽑을 추	가지 조
冂門周園園園園	莽莽莽莽莽莽莽	抽抽抽扣扣抽抽	條條條條條條條

동산의 풀들이 무성하여 그 가지가 사방으로 쭉쭉 높이 뻗어 오른다.

園莽抽條

枇	杷	晚	翠	비파나무는 그다지 아름답지는 않지만 늦도록 푸르다.
비파나무 비	비파나무 파	늦을 만	푸를 취	
枇枇枇枇枇枇枇	杷杷杷杷杷杷杷	晚晚晚晚晚晚晚	翠翠翠翠翠翠翠	
枇	杷	晚	翠	枇杷晚翠

梧	桐	早	凋	오동나무는 잎이 크고 무성하지만 일찍 시든다.
오동 오	오동 동	이를 조	시들 조	
梧梧梧梧梧梧梧	桐桐桐桐桐桐桐	早早早早早早早	凋凋凋凋凋凋凋	
梧	桐	早	凋	梧桐早凋

한석봉 천자문

遊	鯤	獨	運
놀 유	곤새 곤	홀로 독	움직일 운

곤어鯤魚는 홀로 자유로이 노닌다.

遊鯤獨運

凌	摩	絳	霄
업신여길 릉	닦을 마	붉을 강	하늘 소

곤어가 붕새로 변하여 태양이 뜨는 붉은 하늘을 마음대로 날아다닌다.

凌摩絳霄

한석봉 천자문

耽	讀	翫	市
즐길 탐	읽을 독	구경할 완	저자 시

왕충은 책을 살 수 없을 정도로 가난하여 서점에 서서 책을 읽었다.

耽讀翫市

寓	目	囊	箱
붙일 우	눈 목	주머니 낭	상자 상

글을 한 번 읽으면 잊지 않아 마치 주머니와 상자에 넣어둔 것과 같았다.

寓目囊箱

易	輶	攸	畏
쉬울 이	가벼울 유	바 유	두려워할 외

사람은 모름지기 가볍게 움직이고 쉽게 말하는 것을 두려워해야 한다.

易輶攸畏

屬	耳	垣	墻
붙일 속	귀 이	담 원	담 장

마치 누군가가 담장에 귀를 대고 있는 것처럼 조심해라.

屬耳垣墻

한석봉 천자문

具	膳	飡	飯
갖출 구	반찬 선	밥 손	밥 반
丨冂目目具具具	月月胖胖膳膳膳	丿歹歹歺飧飧飧	亽今今食食飯飯

반찬을 갖추어 밥을 먹는다.

具膳飡飯

適	口	充	腸
맞을 적	입 구	채울 충	창자 장
適適商商商適	丨冂口	充充充亠㐬充	肠肠肠腸腸腸

입에 맞으면 맛있게 먹고 최소한의 배고픔만 가시도록 한다.

適口充腸

飽	飫 飱	烹 烹	宰	배가 부르면 아무리 좋은 음식도 그 맛을 모른다.
배부를 포	배부를 어	삶을 팽	고기 재	

飽飫烹宰

飢	厭 厭	糟	糠	반대로 배가 고프면 지게미 와 쌀겨도 맛 이 있다.
주릴 기	싫을 염	재강 조	겨 강	

飢厭糟糠

한석봉 천자문

親	戚	故	舊
친할 친	겨레 척	연고 고	옛 구

친척과 옛 친구는 서로 가깝게 지내야 한다.

親戚故舊

老	少	異	糧
늙을 로	젊을 소	다를 이	양식 량

늙고 젊음에 따라 음식을 달리 해야 한다.

老少異糧

妾	御	績	紡	아내나 첩은 길쌈을 한다.
첩 첩	아내 어	길쌈 적	길쌈 방	

妾御績紡

侍	巾	帷	房	안방에서는 남편이 의관을 갖추는 것을 시중든다.
모실 시	수건 건	장막 유	방 방	

侍巾帷房

한석봉 천자문

紈	扇	圓	潔
흰비단 환	부채 선	둥글 원	깨끗할 결
紈 紈 糿 紈 紈 紈 紈	户 户 户 户 扇 扇 扇	冂 冃 同 同 圓 圓 圓	氵 氵 汢 潔 潔 潔 潔

비단 부채는 둥글고 깨끗하다.

紈 扇 圓 潔

銀	燭	煒	煌
은 은	촛불 촉	빛날 위	빛날 황
𠂉 𠂉 金 釒 釒 銀 銀	火 炉 炉 炉 燭 燭 燭	火 炉 炉 炉 煒 煒 煒	火 火 炉 炉 煌 煌 煌

은촛대의 촛불로 방 안이 휘황찬란하다.

銀 燭 煒 煌

晝	眠	夕	寐
낮 주	잘 면	저녁 석	잠잘 매

낮에는 졸고 저녁에는 깊이 자니 태평하다.

藍	筍	象	床
쪽 람	죽순 순	코끼리 상	평상 상

푸른 대나무 자리와 상아로 만든 침상에서 지낸다.

한석봉 천자문

絃	歌	酒	讌
줄 현	노래 가	술 주	잔치 연
絃糸糸絃絃絃絃	永歌哥哥哥歌歌	氵汀汀洒洒酒酒	訁訁訁謙謙讌讌

거문고를 타고 노래와 술로 흥겹게 잔치한다.

絃歌酒讌

接	杯	擧	觴
이을 접	잔 배	들 거	잔 상
扌扩护按按接接	一十才木杉杯杯	𦥑𦥑𦥑𦥑與與擧	角角觝觚觴觴觴

술잔을 공손히 쥐고 두 손으로 들어 권한다.

接杯擧觴

矯	手	頓	足	손을 들고 발을 구르며 춤을 춘다.
들 교	손 수	두드릴 돈	발 족	
矯矯矯矯矯矯矯	二千三手	頓頓頓頓頓頓頓	足足足足足足足	

矯手頓足

悅	豫	且	康	기쁘고 즐거우며 살아가는 모습이 편안하기 그지없다.
기쁠 열	미리 예	또 차	편안할 강	
悅悅悅悅悅悅悅	豫豫豫豫豫豫豫	丨冂日且	康康康康康康康	

悅豫且康

한석봉 천자문

嫡	後	嗣	續
정실 적	뒤 후	이을 사	이을 속

적자(정실부인이 낳은 아들)로 대를 잇는다.

祭	祀	蒸	嘗
제사 제	제사 사	찔 증	맛볼 상

제사에는 겨울에 올리는 증烝과 가을에 올리는 상嘗이 있다.

稽	顙	再	拜	제사를 지낼 때에는 이마를 조아리며 두 번 절한다.
조아릴 계	이마 상	두번 재	절 배	

稽顙再拜

悚	懼	恐	惶	또한 송구스럽고 엄숙한 자세로 정성스레 모셔야 한다.
송구할 송	두려워할 구	두려워할 공	두려워할 황	

悚懼恐惶

한석봉 천자문

편지를 쓸 때에는 꼭 필요한 말만 간단하게 쓰는 것이 중요하다.

웃어른께 대답할 때는 다시 한 번 생각하고 자세하게 말씀 드려야 한다.

髂	垢	想	浴
뼈 해	때 구	생각할 상	목욕할 욕

몸에 때가 끼면 목욕할 것을 생각한다.

髂垢想浴

執	熱	願	凉
잡을 집	더울 열	원할 원	서늘할 량

뜨거운 것을 잡으면 본능적으로 시원해지기를 원한다.

執熱願凉

한석봉 천자문

驢	騾	犢	特
당나귀 려	노새 라	송아지 독	수소 특

우리 생활과 가장 밀접한 가축은 나귀와 노새와 송아지이다.

驢騾犢特

駭	躍	超	驤
놀랄 해	뛸 약	넘을 초	달릴 양

가축들이 놀라서 뛰기도 하고 울타리를 뛰어넘어 달리기도 한다.

駭躍超驤

誅	斬	賊	盜
벨 주	벨 참	역적 적	도적 도

사람을 해치거나 남의 물건을 훔친 사람은 목을 베어 처벌한다.

捕	獲	叛	亡
잡을 포	얻을 획	배반할 반	도망할 망

배반하고 도망한 자는 사로잡아 벌을 준다.

한석봉 천자문

布	射	遼	丸
베 포	쏠 사	벗 료	둥글 환
布ナ冇右布	亻白自身身射射	辶大太太査査遼	丿九丸
布	射	遼	丸

여포는 활을 잘 쏘았고 웅의료는 포환을 잘 던졌다.

布射遼丸

嵇	琴	阮	嘯
성 혜	거문고 금	성 완	휘파람 소
禾禾秋秋秋秵嵇	王王玨琴琴琴	阝阝阝阮阮	口嘨嘨嘨嘯嘯
嵇	琴	阮	嘯

혜강은 거문고를 잘 타고 완적은 휘파람을 잘 불었다.

嵇琴阮嘯

恬	筆 筆	倫	紙	몽념은 붓을 만들고 채륜은 종이를 만들었었다.
편안할 념	붓 필	인륜 륜	종이 지	

恬筆倫紙

鈞	巧	任	釣	마균은 지남거라는 수레를 만들었고 임공자는 낚시를 만들었다.
고를 균	공교할 교	맡길 임	낚시 조	

鈞巧任釣

한석봉 천자문

釋	紛	利	俗
풀을 석	어지러울 분	이로울 리	풍속 속

이 여덟 사람은 백성들의 어지러움을 풀어주고 생활을 이롭게 하였다.

釋紛利俗

並	皆	佳	妙
아우를 병	다 개	아름다울 가	묘할 묘

이들은 모두 아름답고 묘한 재주로 세상을 이롭게 하였다.

並皆佳妙

毛	施	淑	姿
털 모	베풀 시	맑을 숙	모양 자
毛 乇 三 毛	施 方 施 施 斿 施 施	淑 氵 氵 氵 沫 淑 淑	姿 次 姿 姿 次 姿 姿

모장과 서시는 자태가 아름다웠다.

毛施淑姿

工	嚬	姸	笑
공교할 공	찡그릴 빈	고울 연	웃을 소

심지어 서시는 찡그리는 모습조차 고왔다.

工嚬姸笑

한석봉 천자문

年	矢	每	催
해 년	화살 시	매양 매	재촉할 최

세월은 날아가는 화살처럼 늘 재촉한다.

曦	暉	朗	曜
햇빛 희	빛날 휘	밝을 랑	빛날 요

태양과 달빛은 밝게 빛나 온 세상을 비춘다.

璇	璣	懸	斡	구슬로 만든 혼천의가 공중에 매달린 채 돌고 있다.
구슬 선	구슬 기	매달 현	빙빙돌 알	
璇	璣	懸	斡	璇璣懸斡

晦	魄	環	照	달이 차고 이지러지기를 반복한다.
그믐 회	넋 백	고리 환	비칠 조	
晦	魄	環	照	晦魄環照

한석봉 천자문

指	薪	修	祐
가리킬 지	섶나무 신	닦을 수	복 우
亠亅扌扌指指指指	艹艹艹艹薪薪薪	亻亻亻佟修修修	亍衤衤祂祐祐
指	薪	修	祐

섶이 불타는 것과 같은 정열로 착한 일을 열심히 하면 복을 받을 수 있다.

指薪修祐

永	綏	吉	邵
길 영	편안할 수	길할 길	높을 소
亅亅永永	纟纟红纾绥綏綏	一十吉吉吉吉	刀刀刀召召邵邵
永	綏	吉	邵

그리하면 오랫동안 편안하고 상서로움이 높아지리라.

永綏吉邵

矩	步	引	領	목을 세워 자세를 반듯하게 하고 법도에 맞게 조심스레 걷는다.
법 구	걸음 보	이끌 인	옷깃 령	

矩步引領

俯	仰	廊	廟	궁전이나 사당 복도에서 머리를 숙이고 드는 것 모두 법도에 맞게 해야 한다.
엎드릴 부	우러를 앙	행랑 랑	사당 묘	

俯仰廊廟

한석봉 천자문

束	帶	矜	莊
묶을 속	띠 대	자랑 긍	씩씩할 장

예복을 갖춰 입고 단정히 함으로써 떳떳하고 씩씩한 긍지를 갖는다.

束帶矜莊

徘	佪	瞻	眺
배회할 배	배회할 회	쳐다볼 첨	바라볼 조

배회하거나 먼 곳을 바라보는 것도 예의에 맞게 한다.

徘佪瞻眺

孤	陋	寡	聞
외로울 고	더러울 루	적을 과	들을 문

외롭고 비루하게 자라 배움이 적다. 이 글을 지은 주흥사 자신을 겸손하게 말한 것이다.

孤陋寡聞

愚	蒙	等	誚
어리석을 우	어릴 몽	등급 등	꾸짖을 초

그러므로 어리석고 몽매한 자와 같아서 다른 사람의 책망을 듣게 마련이다.

愚蒙等誚

한석봉 천자문

謂	語	助	者
이를 위	말씀 어	도울 조	놈 자
謂謂謂謂謂謂謂	語語語語語語語	助助助助助助	者者者者者者者

어조사는 한문의 토로서 실질적인 뜻은 없고 보조적인 역할만 한다.

謂語助者

焉	哉	乎	也
어찌 언	어조사 재	어조사 호	어조사 야
焉焉焉焉焉焉焉	哉哉哉哉哉哉	乎乎乎乎乎	也也也

그중 대표적인 것은 언焉, 재哉, 호乎, 야也 이다.

焉哉乎也

부록

우리가 꼭 알아야 할 생활 속 지식

제1장

가족·생활

1. 가족

가족家族은 혈족을 중심으로 한 직계, 방계 및 배우자를 포함한 최소의 집단을 의미한다. 사전적 의미로는 '부부처럼 혼인으로 맺어지거나, 부모와 자식처럼 혈연으로 이루어지는 집단, 또는 그 구성원'을 일컫는다.

우리나라에서는 가족의 범위가 매우 넓은데, 고조할아버지 대代인 8촌과 그에 속하는 남자의 배우자 및 어머니의 사촌까지를 근친으로 한다. 최근에는 가족의 범위가 부모와 자녀로 좁혀지는 경우가 많으므로 가족의 범위가 사람마다 달라질 수 있다.

촌수 알기

친등親等이라고도 하는 촌수의 본래 뜻은 '손의 마디'라는 뜻이다. 촌수는 숫자가 작을수록 근친에 해당하며, 촌자寸字는 친족을 의미하기도 한다. 직계 혈족에 대해서는 촌수를 사용하지 않는데, 촌수는 직계가 아닌 방계旁系를 계산하기 위한 것이기 때문이다.

아버지와 어머니, 즉 부부 관계는 혈연관계가 아니기 때문에 촌수가 없다. 기본적으로 부모와 자녀 간은 1촌, 형제 및 자매 사이는 2촌이며, 여기서 촌수의 기본 개념이 시작된다. 이를 기준으로 계산하면 아버지의 형제 및 자매와는 3촌, 아버지의 형제 및 자매의 자녀와는 4촌이 된다.

방계 혈족 간의 촌수를 따질 때는 형제의 촌수인 2촌×세대수로 계산하며, 할아버지가 같으면 2촌×2대=4촌, 증조부가 같으면 2촌×3대=6촌이 된다. 아저씨와 조카 관계는 형제 촌수인 2촌×세대수에서 1을 뺀다.

현행 민법에서는 친족의 범위를 8촌 이내의 혈족, 4촌 이내의 인척과 배우자로 한정하고 있다. 이때 혈족은 할아버지 형제자매의 현손玄孫까지 해당한다.

친족 계촌표

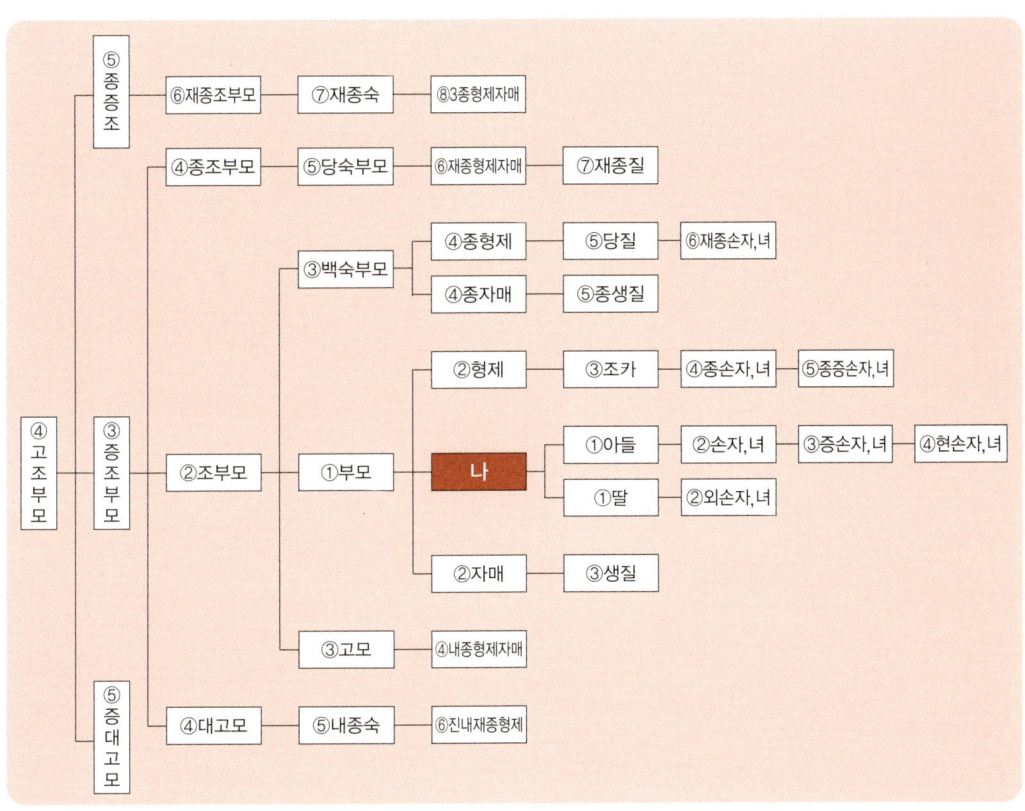

외가 계촌표

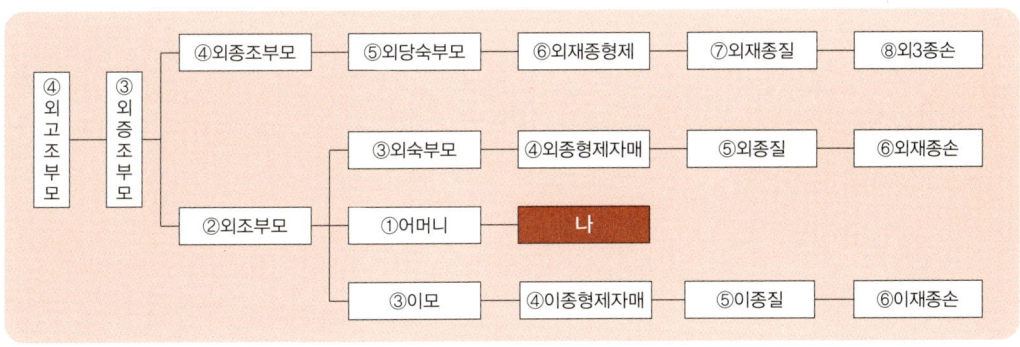

2. 일상생활의 경조문과 봉투 쓰는 법

- **결혼식**

  賀儀하의, 祝聖婚축 성혼, 祝華婚축 화혼, 祝盛典축 성전

- **회갑연**

  壽儀수의, 祝壽宴축 수연, 祝喜宴축 희연, 祝回甲축 회갑

- **축하祝賀**

  祝榮轉축 영전, 祝發展축 발전, 祝合格축 합격, 祝當選축 당선

- **사례謝禮**

  菲品비품, 薄謝박사, 略禮약례, 薄禮박례

- **대소상大小祥**

  菲意비의, 香奠향전, 奠儀전의, 薄儀박의

- **상가喪家**

  弔意조의, 賻儀부의, 謹弔근조, 奠儀전의

- **하수賀壽**

    48세 : 상수桑壽

    61세 : 환갑還甲, 화갑華甲, 회갑回甲

    70세 : 고희古稀

    77세 : 희수喜壽

    80세 : 산수傘壽

    88세 : 미수米壽

    90세 : 졸수卒壽

    99세 : 백수白壽

    100세 : 상수上壽

결혼식 축의금 봉투 쓰는 법

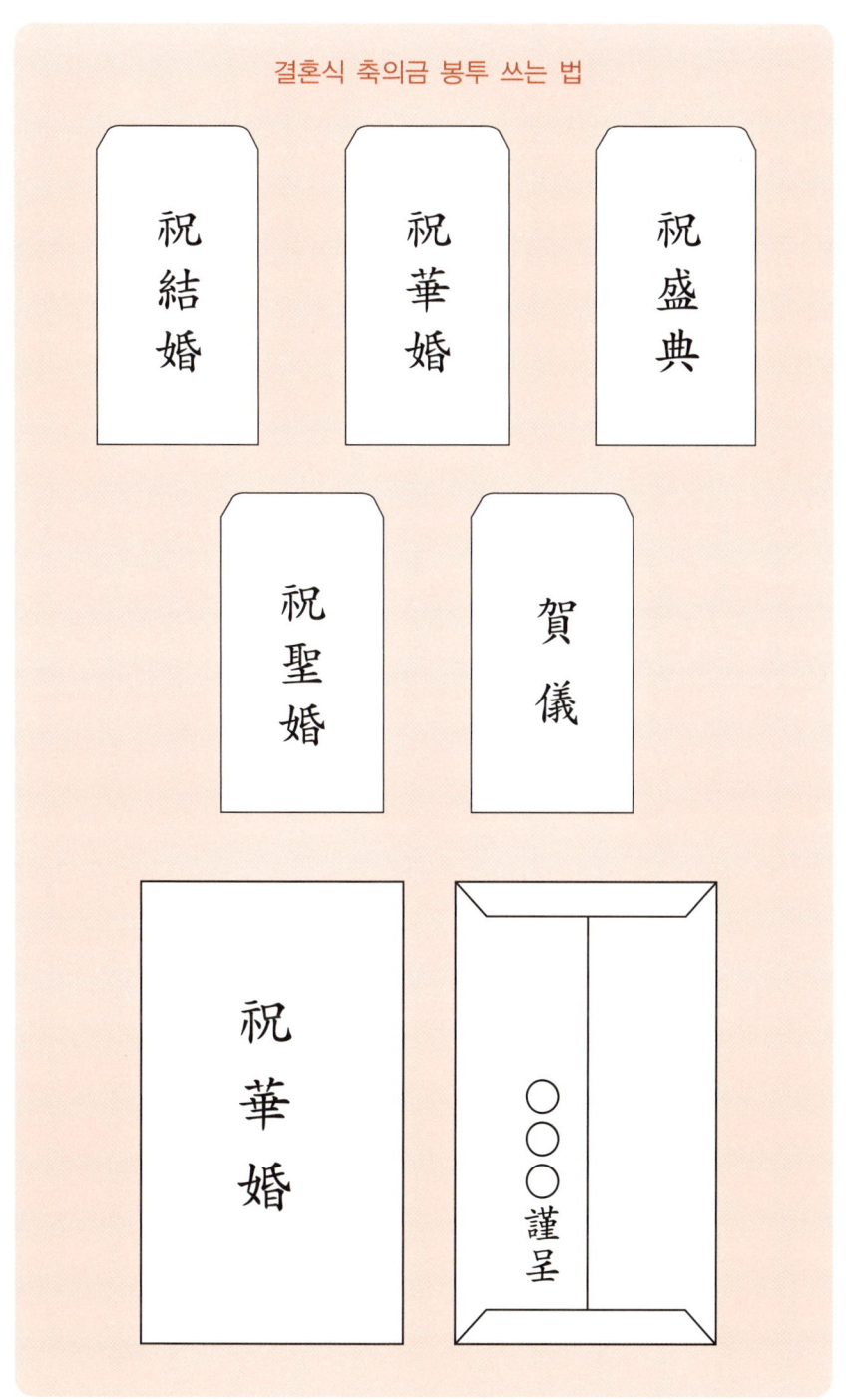

제2장

혼례 婚禮

1. 혼례의 의미

혼인은 남녀가 부부가 되는 의식으로, 예전에는 '혼례婚禮'라는 글자 중 '혼'은 '어두울 혼昏'을 썼다. 해가 저물 때 혼인 예식을 올린다는 뜻을 지니고 있었기 때문이다. 그 이유는 남자와 여자, 즉 양과 음이 만나 부부가 되는 것이므로, 예식도 양(낮)과 음(밤)이 만나는 해질녘이 적당하다는 것이었다. 이 밖에도 혼婚은 장가를 든다는 뜻이고, 인姻은 시집을 간다는 뜻이기 때문에 혼례를 혼인婚姻이라고도 했다. 헌법, 민법 등 법률적으로는 결혼이 아닌 혼인이라고 쓰고 있으므로 금품이나 화환 등에도 올바르게 사용하는 것이 좋다.

인륜지대사라고 불리는 혼인은 예전부터 엄격한 절차를 밟아 진행되는 것이 일반적이었다. 혼인 당사자의 양쪽 부모가 상을 당했을 경우에 1년 이내에는 혼인하지 않으며, 배우자가 죽은 후 3년 이내에는 재혼을 하지 않는 것이 일반적인 관습이다.

2. 현대 혼례의 절차

시대가 변하면서 혼례의 절차도 많이 바뀌고 있다. 중매가 대부분이었던 예전과 달리 요즘은 연애결혼이 대부분이며, 시간과 비용을 절감하기 위해 약혼을 생략하는 경우가 대부분이다. 특히 선진국일수록 그 제도와 절차가 간소하며 미국, 유럽 등에서는 우리나라처럼 형식적이고 번잡한 결혼식 대신 교회 목사님 또는 성당 신부님의 주례로 간단하게 혼례식을 치른다.

우리나라의 전통 혼례 절차는 매우 복잡한 편이지만, 그 안에는 경건하고 정중하게 예식을 치른다는 깊은 뜻을 가지고 있다. 그러므로 현실에 맞게 절차를 간소화하고 방법은 다르게 하되, 그 안에 담긴 의미는 잊지 않도록 하는 것이 중요하다.

민법 800조에서는 '성년에 달한 자는 자유로 약혼할 수 있다.'라고 규정지어 허락 없는 약혼과 혼인을 인정한다. 민법 801조와 807조에서는 '남자 만 18세, 여자 만 16세가 되면 부모 또는 후견인의 동의를 얻어 약혼 및 혼인을 할 수 있다.'라고 되어 있으니 참고할 수 있다. 결혼 적령기는 경제력, 임신 및 출산, 부양 능력 등에 따라 달라지는데, 점차 높아지고 있는 추세이다.

연애를 하거나 중매를 통해 결혼을 해도 된다는 결심이 생기면 양가 부모님의 허락을 받는다. 허락을 받은 뒤에는 양가 부모님을 한자리에 모셔 서로 인사를 나누고 약혼식 및 결혼 날짜를 정하게 된다.

단, 당사자 간에 혼인의 합의가 없는 때, 당사자 간에 직계 혈족, 8촌 이내의 방계 혈족 및 그 배우자인 친족 관계가 있거나 있었던 때, 당사자 간에 직계 인척, 부夫의 8촌 이내의 혈족인 인척 관계가 있거나 있었던 때는 민법 815조에 따라 혼인할 수 없다.

1) 혼담

① 배우자의 선택

혼례는 한 남자와 한 여자가 결혼을 통해 한 몸과 한 마음이 되겠다는 것으로, 온전한 화합과 화평을 이루어야 한다. 옛날 풍습 중 조롱박을 둘로 쪼개 만든 표주박으로 신랑과 신부가 함께 마시는 합근례는 이러한 화합을 의미하는 것이기도 했다. 둘로 쪼개진 표주박은 그 짝이 이 세상에 하나밖에 없기 때문이다.

혼례를 하기 위해서는 두 사람이 진실 된 사랑과 믿음 위에서 하나가 되어야 한다. 또한 사물에 대한 판단 및 현실 인식에 같은 생각을 가져야 하며 바라는 이상이 일치해야 한다. 생활 감각이나 취미가 서로 비슷하고 유머가 있으면 생활에 더 큰 즐거움을 얻을 수도 있다.

또 건강한 생활을 영위할 수 있도록 사회적 능력을 갖춘 생활인이 되어야 하며, 이러한 밑바탕에 서로의 힘을 합친다면 성공적인 결혼 생활을 할 수 있을 것이다.

② 연애와 중매

혼인이 이루어지기 위해서는 남녀 간에 예전부터 교제를 하고 있거나 또는 중매인을 통해서 맞선을 본 다음 어느 정도의 교제를 한 다음에 서로가 결혼하겠다고 합의하면 약혼, 또는 결혼의 절차를 밟도록 한다.

요즘에는 결혼상담소라는 중매를 전담하는 곳이 있어서 이곳에 등록하면 서로의 조건에 맞는 사람을 골라 맞선을 보게 해준다. 이렇듯 결혼을 하기 위해 직업적인 중매인에게 부탁하는 것도 좋겠지만 맞선을 볼 당사자의 가까운 친구나 친척, 또는 이웃사람들이 더 좋은 중매를 할 수도 있다.

맞선은 비교적 조용한 장소에서 밤보다는 낮에 행하는 것이 좋으며, 상대방이 원하지 않는 한 식사 시간은 피하는 것이 예의이다. 그리고 맞선은 당사자들이 피로를 느끼지 않을 정도의 시간으로 가능하면 2시간 이내가 적당하다. 복장은 평소에 입던 옷을 깨끗이 손질하여 단정하게 입고, 특히 여자의 경우 요란한 화장과 치장은 오히려 상대방에게 불쾌감을 줄 수도 있으므로 주의한다. 그리고 중매인과 동반인이 자연스러운 일상을 화제로 삼아 분위기를 부드럽게 만드는 것이 중요하다. 그런 다음에 서로의 소개와 인사를 교환하면 당사자들만의 시간을 갖도록 자리를 피해 준다.

결혼이란 두 사람 모두 서로의 마음에 들어야 하기 때문에 비록 상대방으로부터 거절을 당한다 해도 너무 속상해하거나 열등의식을 가질 필요는 없다. 거절하려는 쪽에서도 가능하면 조심스럽고 신중을 기해 상대방의 마음을 상하지 않도록 좋은 말로 거절하는 것이 예의이다. 즉, 상대방을 치켜세우면서 자신을 낮추는 것도 한 방법이다.

서로가 마음에 들면 아무런 문제가 없겠지만, 상대방이 마음에 들지 않는데도 거절하기가 곤란해 자신의 의사 표현을 제대로 하지 못하면 더 큰 불행을 초래하므로, 상대방이 마음에 들지 않을 때는 분명하면서도 정중하게 빨리 거절하는 것이 서로를 위해서도 좋은 일임을 명심한다.

※ 중매를 통한 교제 기간 중에 알아야 할 사항
1. 자라온 과정의 사진을 교환하며 상대방이 어떤 환경에서 살았는지를 알아본다.
2. 신원조사 : 중매인의 말만 믿지 말고 상대방의 호적 및 주민등록등본을 떼어본다. 그리고 출신학교의 성적과 품행, 교우관계를 알아보고 상대방의 직장이나 동료들을 통해 어떤 사람인지를 확인하는 과정이 필요하다. 마지막으로 상대방이 살고 있는 동네에서 그의 집안에 대해 알아보는 것도 중요하다.

2) 약혼식

결혼하겠다는 마음을 굳히면 결혼에 앞서 약혼을 하게 된다. 약혼은 결혼만큼 중요한 절차이기 때문에 정말 중요한 문제가 아니라면 함부로 파혼할 수 없다. 약혼식은 양가의 가족과 가까운 친지들이 모인 가운데 진행된다.

약혼식은 약혼 선언, 예비 신랑 신부의 간단한 소개, 사주단자 전달 및 약혼 선물 교환, 양가 가족 및 친지 소개, 환담 등의 순서로 이루어진다. 약혼식은 가족적인 분위기에서 행해지며, 식 절차도 간단하게 진행된다. 약혼 선물로는 약혼반지, 시계 등이며 양가의 형편에 맞춘다.

약혼반지는 탄생석으로 하는 것이 일반적이다. 세계적으로 통용되는 탄생석은 1912년 미국 보석상 조합에서 선정한 것으로 1월 석류석, 2월 자수정, 3월 산호 또는 남옥, 4월 다이아몬드 또는 수정, 5월 에메랄드, 6월 진주 또는 문스톤, 7월 루비, 8월 감람석, 9월 사파이어, 10월 오팔 또는 전기석, 11월 토파즈, 12월 터키석 등이다.

약혼식 때는 건강진단서도 교환하는 것이 좋은데, 건강검진의 필수검사는 앞으로 태어날 두 사람의 아이를 위한 것이라는 생각을 갖고 임하도록 한다. 필수검사로는 간염검사, 풍진검사, 혈액검사, 초음파검사, 성병검사 등이 있다.

만약 파혼을 하게 되었을 때는 받은 예물을 즉시 되돌려주어야 하며, 파혼하게 된 까닭이 상대방의 잘못이 아닌 경우에는 물질적, 정신적인 위자료를 지급해야 한다. 약혼한 후 일반적으로 파혼이 가능한 경우는 약혼 전 신상의 중요한 문제를 고의로 숨겼을 때, 약혼 후 중대한 범죄행위나 준금치산자 이상의 선고를 받을 때, 성병이나 나병 또는 불치병에 걸렸을 때, 약혼 뒤 2년 이상 소식이 없거나 정당한 사유 없이 혼인을 지연시킬 때 등이다.

약혼서 서식

약 혼 서

구 분	남	여
성 명		
주 민 등 록 번 호		
생 년 월 일		
주 소		
호주의 성명·주소		

위 두 사람은 다음과 같이 혼인할 것을 약속한다.

1. 혼인 예정일

2. 기타 조건

　　　　　　　　　　　　　　년　　　월　　　일

약혼자
　　　(남)　　　　　　(서명 또는 인)
　　　(여)　　　　　　(서명 또는 인)

입회인
　　　(남자측) : 주소
　　　　　　　　성명　　　　　(서명 또는 인)
　　　(여자측) : 주소
　　　　　　　　성명　　　　　(서명 또는 인)

※ 첨부 : 호적등본 1부
　　　　　건강진단서 1부

※ 민법 제808조의 규정에 의한 동의를 요하는 경우에는 입회인을 그 동의권자로 한다.

① 기독교식 약혼

기독교식으로 약혼을 하는 경우에는 목사가 주례 겸 사회자가 되어 식을 진행한다. 각 교파에 따라 약간의 차이는 있으나 대개는 다음과 같은 순서로 진행된다.

개식사 : 약혼식을 시작하겠다는 말을 하고 나면 성경 구절을 인용한 약혼의 중요성을 인식시키는 설교가 있다.

기도 : 결혼할 때까지 하나님의 뜻에 따라 살게 해달라는 기도를 한다.

문답 : 신랑 신부에게 묻는 것을 생략하고 성경 위에 두 사람의 손을 얹고 약속하는 의식으로 대신한다.

예물 교환 : 예물은 증표이므로 훗날 서로 약혼식 증표가 되도록 주고받는다. 일단 주례목사가 선물을 받아서 공개한 다음 신랑은 신부에게, 신부는 신랑에게 예물을 건네준다.

주례사 : 하나님의 뜻 가운데서 하나님의 자녀답게 살라는 부탁과 함께 결혼할 때까지 순결한 교제를 당부한다.

찬송 : 축하곡 1곡으로 하며 대개는 생략하기도 한다.

폐식사 : 사회자가 폐식을 선언하면 양가의 가족과 친척 등을 소개하고 음식 접대 등의 여흥은 임의대로 진행한다.

② 천주교식 약혼

<한국가톨릭지도서>에 "약혼은 혼배婚配를 하자는 계약이다."라고 규정하고 있

혼배 문서 서식

```
(신랑측) 주소              (신부측) 주소
(성  명) ○○○            (성  명) ○○○
     년  월  일생               년  월  일생

위 두 사람은 혼배할 것을 서약합니다.
(위 두 사람은 문서를 쓸 줄 모르므로 증인이 대신 기입하고 서명 날인합니다.)
                                        년  월  일

증 인(성명)   ○○○ 인
증 인(성명)   ○○○ 인
본 당 신 부   ○○○ 인
```

다. 천주교식 약혼은 두 당사자의 서명날인과 본당 신부나 감목, 또는 두 증인의 서명날인이 있는 문서를 가장 중요시하며, 교리에 따라 약혼자끼리의 육체관계나 동거를 절대로 금하고 있다.

③ 불교식 약혼

불교의 예규禮規인 <석문의범>에 약혼에 관한 언급이 없는 것으로 보아 일반적인 절차로 진행해도 무방하다는 의미로 해석된다. 그럼에도 꼭 불교식으로 하고 싶다면 스님을 초청하여 그분께 모든 절차를 일임하거나 가까운 사찰을 찾아 적당한 순서를 의논하여 시행하면 될 것이다.

3) 택일과 청첩장

결혼식을 치르기 위해서는 무엇보다 택일이 가장 중요하다. 약혼식을 하거나 신랑 집에서 사주가 오면 신부 집에서는 택일을 하여 혼인 날짜를 결정한다. 혼인 날짜를 정할 때는 역학을 하는 사람에게 부탁하기도 하며, 양가의 다른 대사 일정 등을 참고하여 정하고 있다. 또 예식장의 형편이나 당사자 간의 사정도 중요한 역할을 한다.

청첩장 양식

모시는 글

서로가 마주보면서 그동안 다져온 사랑을
이제는 한 곳을 함께 바라보며 걸어갈 수 있는
큰 사랑으로 키우고자 합니다.
저희 두 사람이 사랑의 이름으로 지켜나갈 수 있게
바쁘시겠지만 오셔서 앞날을 축복해 주시면 감사하겠습니다.

○○○ 씨 장남 ○○ 군
○○○ 씨 차녀 ○○ 양

▶ 장 소 : ○○ 예식장
▶ 일 시 : ○○○○년 ○월 ○일(음력 ○월 ○일)

예식장의 경우 종교가 있다면 절, 교회, 성당 등에서 할 수도 있으며 일반 예식장에서도 할 수 있다. 예식장을 선택할 때는 비용을 먼저 고려하며, 시간을 두고 예약하는 것이 좋다. 결혼식에 참석할 사람의 수를 미리 예측하여 적당한 공간에서 하도록 하며, 누구나 쉽게 찾아올 수 있도록 교통이 편한 곳을 택한다.

주례를 초빙할 때는 혼인 후에도 부부를 축하해 줄 수 있는 은사 등을 초빙하는 것이 좋다. 주례를 부탁할 때는 직접 찾아가는 것이 좋으며, 혼인 며칠 전쯤에 다시 가서 인사를 하는 것이 예의이다. 청첩장은 참된 마음으로 축복해 줄 수 있는 사람에게만 보내며, 혼인식 2~3주 전까지는 받아볼 수 있도록 시간적인 여유를 갖고 보내도록 한다.

4) 혼수와 함

혼수는 지역과 시대에 따라 조금씩 다르지만 일반적으로 신부 측에서 옷장, 이부자리, 그릇 등 생활에 필요한 것들을 혼수로 준비한다. 신부가 신랑 쪽에 보내는 예단은 비단 정도였으나 오늘날에는 신랑의 가까운 친척까지도 예단을 준비하는 경우가 적지 않아 가세가 넉넉하지 못한 가정에서는 큰 부담이 아닐 수 없다. 혼수는 여유가 있는 가정이라 하더라도 되도록 근검, 절약하여 꼭 필요한 것만을 준비하는 것이 가장 좋다.

혼인반지는 영구불변을 의미하는 금이 좋으며, 반지 안쪽에는 신랑과 신부의 이름, 혼인 날짜를 새겨 넣기도 한다. 고가의 다이아몬드 반지 등은 잃어버릴 수도 있고, 팔 때 손해를 볼 수도 있으므로 잘 생각해 보고 결정하는 것이 좋다.

함과 관련된 풍습은 과거와 크게 다르지 않은데, 요즘에는 간소화되어 함 대신 트렁크나 일반 가방을 이용하여 멜빵을 걸고 신부 집에 메고 들어가기도 한다. 함진아비 측과 신부 집 사이에서 흥을 돋기 위해 실랑이를 하기도 하는데, 이때 장난이 지나쳐 다치거나 감정을 상하게 하지 않도록 주의가 필요하다.

5) 결혼식

현대의 결혼식은 대부분 예식장에서 이루어지고 있는데, 과거에는 봄과 가을에 많이 했으나 요즘은 편리한 때에 하고 있다. 보통 주말에 예식을 하는 경우가 많았으나 요즘은 금요일 등의 평일 저녁에 하여 합리적인 결혼식을 하기도 한다.

예식장에서 하객의 자리는 특별히 정해져 있지 않으며, 하객석의 중앙이나 양쪽 등 신랑과 신부가 드나드는데 불편함이 없으면 된다. 예식장은 가능하면 교통편이 좋은 곳으로 하며 교회, 성당, 법당, 공회당, 각종 회관 등에서 하기도 한다.

예식을 진행하는 사회자는 진행만을 하는 것이 좋으며 지나치게 떠들거나 주례가 해야 할 말까지 하지 않도록 조심해야 한다. 식이 시작되기 전에 사회자는 주례 선생님께 미리 인사를 드리고 식의 진행에 차질이 없도록 준비해야 한다.

6) 결혼식의 순서

예식 시간이 되면 사회자는 "여러분, 곧 식을 거행하겠습니다. 자리에 앉아주십시오."라고 말한다. 신랑과 신부의 부모님 및 혼주는 앞자리에 앉으며, 장내가 정돈되면 주례가 올라온다. 사회자는 이를 모두 확인하고 "지금부터 신랑 OOO 군과 신부 OOO 양의 혼인식을 거행하겠습니다."라고 선언한다.

신랑이 입장하기 전에 양가의 어머니가 함께 화촉등방을 의미하는 촛불을 켜고 자리로 돌아가 앉는다. 다음으로 신랑이 입장하여 주례의 오른편에 서서 뒤로 돌아 신부 입장을 본다. 신부는 아버지 또는 집안 어른의 인도를 받아 들어오는데, 신부가 7~8보 정도 앞에 왔을 때 신랑은 단 아래로 내려가 신부의 아버지께 인사하고 신부의 손을 잡아 주례 앞으로 간다. 요즘은 신랑과 신부가 같이 입장하기도 한다.

이후 신랑과 신부가 맞절을 하고 서약을 한 뒤 준비된 예물을 서로 교환하는데 이는 생략될 수도 있다. 혼인이 원만하게 이루어졌다는 성혼 선언을 하면 예식장에 모인 모든 사람들은 결혼의 증인이 된다. 이후 주례사가 이어지고 축사나 축가 등이 계속되는데 이때 곡의 선택은 신중히 하도록 한다.

신랑과 신부가 하객에게 인사를 하고 퇴장한 후, 다시 돌아와 가족, 친지들과 함께 사진을 찍는다. 결혼식이 끝나면 예식장에 따로 마련된 폐백실에서 폐백을 드린다. 신랑과 신부는 대례복으로 갈아입고 신랑의 부모 및 시댁 친척들에게 절을 하는데, 신부를 생각해 여러 명이 한 번에 절을 받는 배려가 필요하다. 절을 마친 신랑과 신부가 자리에 앉으면 아들을 많이 낳으라는 의미로 시아버지가 대추를 신부의 치마폭에 던져준다.

성혼 선언문

> 이제 신랑 OOO 군과 신부 OOO 양은 그 일가친척과 친지를 모신 자리에서 일생 동안 고락을 함께할 부부가 되기를 굳게 맹세했습니다. 이에 주례는 이 혼인이 원만하게 이루어진 것을 여러 증인 앞에 엄숙하게 선포합니다.
>
> OOOO년 O월 O일
> 주례 OOO

7) 종교에 따른 결혼식

기독교식은 교회를 예식장으로 하며 주례는 목사가 한다. 주일은 예배를 드려야 하기 때문에 일요일에는 결혼식을 할 수 없으며, 예식 비용은 따로 받지 않지만 성의껏 헌금하도록 한다. 기독교식 결혼은 주례 입석, 신랑 신부 입장, 찬송, 성경 낭독, 기도, 성례문 낭독, 설교 또는 주례사, 서약, 예물 교환, 성혼 선언, 축가, 가족 대표 인사, 찬송, 축복 기도, 신랑 신부 인사 및 퇴장 등으로 이루어진다.

천주교식은 신부가 주례가 되어 성당에서 행해지는데, 신랑과 신부가 천주교 신자여야 가능하다. 결혼식은 엄격하게 이루어지며 이혼은 인정되지 않는다. 결혼식 전에 혼인 상담 지도를 받아야 하며, 이름, 세례명, 생년월일, 본적, 현주소가 기재된 혼인 신청서를 제출해야 한다. 본당 신부가 승낙하면 6개월 이내의 세례 증명서와 혼인 전 진술서를 작성한다. 서류 절차가 끝나면 혼배 미사를 게시판 또는 주보 등에 공고한다. 천주교식 결혼식은 입장식, 말씀의 전례, 혼례식, 신자들의 기도, 성찬의 전례(봉헌 기도, 감사송, 영성체송, 영성체 후 기도, 미사 끝 강복)로 끝나게 된다. 천주교 예식은 약 한 시간 가량 걸린다.

불교에서는 결혼식을 화혼식이라고도 하는데, 불교 신자가 아니어도 가능하며 비용도 저렴한 편이다. 주로 대웅전에서 거행되며 개식, 내빈 참석, 사혼자司婚者 등단, 신랑 신부 입장, 삼귀의례, 신랑 신부 불전에 경례, 경백문敬白文 낭독, 상견례, 헌화, 염주 수여, 유고諭告 및 선서, 독경, 폐식 등으로 이루어진다.

8) 결혼 축하
① 혼례용 꽃

신부의 면사포에 장식하거나 붙이는 꽃은 청량하고 상큼한 향기를 지닌 흰색 또는 오렌지꽃을 주로 쓴다. 오렌지꽃은 너그러움, 상냥함, 번영, 다산 등의 꽃말을 가지고 있어 신부에게 잘 어울리는 꽃이기 때문이다.

신부가 들고 가는 꽃다발 역시 흰색이 좋은데, 흰 장미부터 진저, 프리지아 같은 작은 꽃들을 주로 쓴다. 정해진 것은 아니기 때문에 계절에 따라 아름다운 꽃을 선택할 수 있다. 혼례식에서 꽃을 달 수 있는 사람은 신랑과 신부 그리고 양가 부모 및 주례로 한정되어 있으며, 가정의례준칙에 의해 화환이나 화분 등의 진열과 사용은 금지되고 있다. 그러나 적절하게 사용하면서 화환, 화분 외에 꽃바구니 등도 진열하고 있다.

② 축전

혼례식에 참여할 수 없을 때는 축전을 보내기도 하는데, 도착 시간을 미리 참고해서 보내는 것이 좋다. 축전의 경우 특별히 도안된 것으로 보내주기 때문에 더욱 편리하다.

③ 부조

선물, 돈 등을 보내서 축하의 뜻을 나타내는 것으로, 크기가 큰 선물을 보낼 때는 글자만 봉투에 넣고 물품을 따로 포장하면 된다. 돈을 보낼 때는 깨끗한 흰 종이에 싸고 단자(單子, 부조하는 물목을 기록한 것)를 써서 봉투에 넣어 보낸다. 단자 없이 봉투만 쓸 때는 봉투 앞쪽에 축하 문구를 쓰고 왼편 아래쪽에 목록을 적는다.

제3장

상례 喪禮

1. 상례의 의미

상례란 사망부터 매장 또는 화장을 거쳐 상주들이 상기를 마치고 기제를 지내기 전까지의 모든 절차를 의미한다. 상례의 세부 절차나 집행방법은 지역이나 신분에 따라 큰 차이를 보이는데, 현대에서는 대부분이 장의사가 이러한 절차를 도맡아 처리하고 있다.

장례는 3일장, 5일장, 7일장 등으로 기간에 따라 명칭을 붙이는데, 대부분 3일장을 치르고 있다. 사람이 죽는 것은 한 번이기 때문에 초初를 붙여 초상이라고 하며, 숨진 것을 알게 되면 가족들은 바로 상례를 준비하도록 한다.

사람은 누구나 태어나면 죽게 되지만 남아 있는 가족, 친척, 친지는 매우 슬프고 괴로운 시간을 보내게 된다. 그렇기 때문에 상례는 관혼상제 중에서 가장 까다롭고 복잡하며 다양한 이론을 가지고 있다. 우리나라의 상례는 중국의 <주자가례朱子家禮>를 바탕으로 이어져오고 있으며, 정성은 다하되 허례허식이 되지 않도록 해야 한다.

2. 상례의 변화

전통 상례에서는 사람이 죽고 매장하기까지 기간을 7월장葬, 5월장, 3월장, 유월장踰月葬 등이었기 때문에 짧아도 30일 이상이었다. 최근에는 3년상은 사라졌다고 볼 수 있으며, 보통 백일 정도에 탈상하는 것이 대부분이다. 일반적으로 3일장을 행하므로, 그 절차 역시 전통적인 상례를 따르는 것보다 고인에 대한 마음을 간직하는 것이 중요하다.

전통적인 상례에서는 임시 묘소라고 할 수 있는 초빈草殯에 모셨다가 다시 장례를 치렀지만 요즘은 즉시 매장해서 묘지를 조성하거나 화장해서 봉안당에 모신다. 또 과거에는 상여를 썼기 때문에 많은 인원이 필요했지만 요즘은 장의차가 있기 때문에 빠른 이동이 가능하다. 상복 역시 그 옷감과 방법이 각각 달랐기 때문에 복잡했지만, 요즘은 간편하게 상복을 입을 수 있어 합리적으로 변화하고 있다.

3. 현대 상례

유언-임종-사망진단-수시-상제-호상-발상-장례식의 방법과 절차-부고-염습-입관-영좌(=영궤)-상복과 성복례-조문과 조사-장일과 장지-천광-횡대와 지석-발인제(=영결식)-운구-하관과 성분-위령제와 첫 성묘-탈상의 순서로 진행된다.

1) 유언

임종이 가까워지면 가까운 가족들이 모여 남기고 싶은 말, 재산, 사업 등 유언자가 원하는 것들을 기록하거나 녹음하는 것이 유언遺言이다. 유언은 여러 사람이 지켜보는 데서 대신 받아쓰는 것이 가장 정확하다. 유언으로 인한 분쟁이 생길 수 있으므로 법에서 인정하는 유언을 알아두는 것이 중요하다. 유언장은 다음과 같은 일정한 방식으로 행해진 것만 효력이 인정된다.

첫 번째는 자필로 쓰는 방식으로, 유언자가 직접 내용, 작성 날짜, 주소, 이름을 쓰고 도장을 찍는 것이다. 고쳐 쓸 때는 변경된 내용을 따로 쓰고 도장을 찍어야 하므로, 대필이나 출력물은 인정되지 않는다. 두 번째는 녹음해 두는 방식으로, 유언자가 내용, 이름, 녹음 날짜 등을 말하고, 유언의 확증과 증인의 이름을 함께 녹음한다.

세 번째는 공증을 받는 방식으로, 두 명의 증인이 참여하고 공증인 앞에서 유언의 내용을 말하면 된다. 공증인은 유언 내용을 받아쓰고 낭독하여 확인하며, 유언자와 증인이 승인한 뒤 서명 및 날인을 하면 된다. 네 번째는 비밀증서에 의한 유언 방식으로, 유언장을 작성하여 봉투에 넣고 봉인을 찍은 뒤 두 명 이상의 증인에게 제출하여 유언장임을 표시한다. 봉투 겉면에 유언자와 증인이 각각 서명하고, 제출 날짜를 쓴 뒤 5일 이내에 공증인이나 법원 서기에게 확정일자 도장을 받는다.

다섯 번째는 병이나 사고 등으로 위와 같은 방식의 유언을 할 수 없을 때 쓰는 방식으로, 두 명 이상의 증인이 참여했을 때 유언을 하면 한 명이 받아쓰고 낭독한다. 다른 증인이 이를 확인한 뒤, 두 명의 증인이 각각 서명 및 날인을 하면 된다. 이때는 급박한 사유가 소멸되는 날부터 7일 이내 법원에 검인신청을 해야 한다.

이러한 다섯 가지 방법을 이용할 때 미성년자, 금치산자, 한정치산자 그리고 유언에 의해 이익을 받는 자나 배우자, 직계 혈족은 증인이 될 수 없다.

2) 임종

소생할 가망이 없는 병자를 임종할 수 있는 방에 옮긴 뒤, 병자의 머리를 동쪽으로 향하게 해서 방 북쪽에 눕힌다. 병자와 가족들 모두 새 옷으로 갈아입고 조용히 운명을 기다린다. 과거에는 남편과 부인은 서로 임종臨終을 보지 않기도 했지만, 현재는 가족들이 모두 모인 가운데서 운명하게 하는 것이 바람직하다.

3) 사망진단

임종하고 난 뒤에는 즉시 의사를 불러 사망을 확인하고 사망진단서를 받도록 한다. 사망진단서는 매장이나 화장 수속 그리고 사망신고 등에 필요한 서류이다.

4) 수시

사람이 운명하면 깨끗한 백지나 솜으로 코와 귀를 막는다. 눈은 감기고 입을 다물게 한 뒤 머리를 높게 하고 손발을 바르게 놓는다. 홑이불로 덮은 다음 준비한 탁자로 옮기고 병풍이나 장막으로 가린다. 그 앞에 고인의 사진을 모시고 촛불을 켠 후 향을 피우도록 한다.

5) 상제

운명한 사람의 배우자, 자녀, 손자와 손녀 등 직계비속은 모두 상제喪制가 된다. 상주는 장자가 되며 장자가 없는 경우에는 장손이 상주가 된다. 장자와 장손이 없을 때는 차자나 차손이 상주가 된다. 자손이 없을 때는 가장 가까운 친척이 상주가 될 수 있다. 상복을 입는 사람은 운명한 사람의 8촌 이내로 한다.

6) 호상

상중에는 호상소를 마련하여 상복을 입은 근친이 아닌, 친족이나 친지 중에서 상례에 대해 잘 알고 경험이 있는 사람을 호상護喪으로 골라 장례의 모든 일을 처리하도록 한다. 서기도 함께 선택해 조객의 명부, 부의록, 경비 출납 등을 기록하도록 한다.

7) 발상

수시가 끝나면 가족들은 검소한 옷으로 갈아입고 슬퍼하는데 이를 발상發喪이라고 한다. 과거에는 상제가 머리를 풀고 울기 시작하면서 초상난 것을 알리는 일을 의미하였으나 요즘에는 맨발이나 머리 풀기 등은 하지 않으며 곡은 삼간다. 장의사가 검은색 줄을 친 장막에 謹弔(근조, 남의 죽음에 대해 애도의 뜻을 표함.) 또는 忌中(기중)이라고 쓴 벽보를 대문 등에 붙여 초상을 알린다.

8) 장례식의 방법과 절차

가족장은 고인의 사회적 지위에 어울리는 장례식을 하도록 하고, 단체장은 해당 단체 기관과 상의한다. 다음으로 매장 또는 화장을 결정하고, 매장일 때는 묘지 장소, 화장일 때는 화장장을 결정하도록 한다. 출상 시기와 영결식 장소를 정하며, 장례식의 형태(전통식, 현대식, 종교식 등)도 정하도록 한다. 부고를 알릴 범위와 방법도 정하도록 한다.

9) 부고

부고 訃告는 상이 났다는 것을 알리는 통지로, 장례식 일정과 장지가 결정되면 호상은 빠짐없이 부고를 내야 한다. 가까운 일가친척에게는 말이나 전화로 직접 전하며, 나머지는 호상의 지시에 따라 전한다. 요즘에는 신문에 게재하거나 아는 사람끼리 연락을 취하는 것이 일반적이다. 부고에 복인들의 이름을 쓸 때는 상주의 이름을 쓰고 다음에 고인의 배우자, 다른 아들, 며느리, 딸, 손자 등의 순서로 쓴다.

부고장

○○의 아버님 ○○○께서 노환으로 ○월 ○일 ○시에 별세하셔서 다음과 같이 장례를 모시게 되었기에 이에 아뢰옵니다.

- 영결식 일시 : ○○○○년 ○월 ○일 오전 ○시
- 영결식장 : ○○○○
- 장지 : ○○○○

○○○○년 ○월 ○일
호상 ○○○ 아룀

10) 염습

죽은 이의 몸을 씻기고 수의를 입혀 염포를 묶는 것을 염습殮襲이라고 한다. 죽은 이를 목욕시킨 물과 수건, 고인의 옷 등은 불에 태워서 땅에 묻으며, 수의는 입히기 쉽게 속옷과 겉옷을 겹쳐서 한 번에 입히도록 한다. 아래부터 위로 입히며, 옷고름은 매지 않고 단추도 채우지 않으며 옷깃은 산 사람과 반대로 입힌다.

11) 입관

사망한 다음 날 아침에 시신의 몸을 향나무나 쑥을 삶은 물로 깨끗하게 닦고 수의를 입히는 소렴小殮과 소렴한 다음 날 시신을 이불로 싸서 베를 묶는 대렴大殮이 끝나면 입관入棺을 하는데, 염습한 후 바로 입관하는 것이 좋으며 입관할 때는 관과 시신 사이의 공간을 백지나 마포로 채워 시신이 흔들리지 않도록 한다. 그런 다음 시신을 홑이불로 덮고 관 뚜껑을 덮은 후 나무로 만든 못을 박는다. 관상명정(棺上銘旌, 붉은 천에 흰 글씨로 고인의 관직이나 성명 등을 쓴 것)을 쓴 다음 장지로 싸고 노끈으로 묶는다.

12) 영좌

입관 후에는 병풍 및 포장으로 관을 가리고 영좌(靈座, 혼백을 모시는 자리)를 마련해 고인의 사진을 모신 뒤 촛불을 켜고 향을 피운다. 영좌의 오른편에는 명정을 만들어 세우고, 영좌 옆에는 탁자를 두고 술잔 및 과일 등을 차려 조석으로 분향한다. 고인이 자주 쓰던 물건들도 함께 차려둔다.

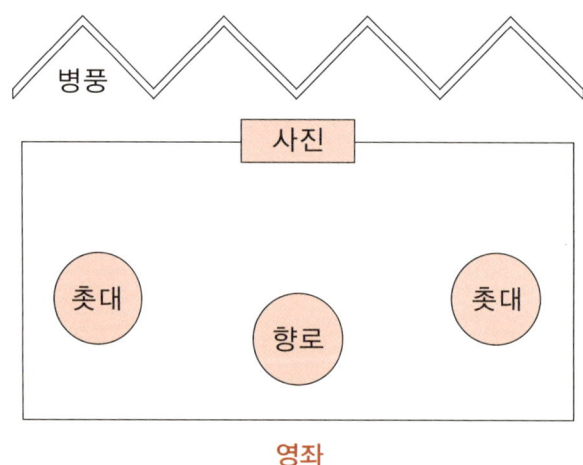

13) 상복과 성복례

상복을 한복으로 입을 때는 흰색이나 검정색으로, 양복으로 입을 때는 검정색으로 하되 왼쪽 가슴에 상장이나 흰 꽃을 달도록 한다. 상장은 삼베로 만들며, 상복이 흰색이면 검정색 상장, 검정색이면 흰색 상장을 다는 것이 일반적이다.

상복은 장례가 끝나는 날까지 입고, 상장을 다는 기간은 탈상까지로 한다. 이 기간에는 굴건제복(屈巾祭服, 전통 예법의 제복)은 착용하지 않는다.(가정의례준칙 제4조 제1항)

복인들이 상복을 입고 서로 복인이 되어 인사하는 것을 성복례成服禮라고 하는데, 이 절차가 끝난 후에 문상객을 받을 수 있다. 과거에는 대렴 다음 날인 사망한 뒤 나흘째 되는 날 성복례를 하였지만, 요즘에는 입관을 하면 즉시 성복례를 한다.

14) 조문과 조사

가정의례준칙에 의하면 조화, 주류 및 음식물 접대는 금지되어 있지만 사문화되어 있어 지켜지지 않고 있다. 전통적으로 우리나라에서는 가까운 사람들이 고인의 죽음을 슬퍼하며 상가를 찾아가 애도의 뜻을 표하고 음식을 대접하는 것은 미풍양속으로 전해져 왔다.

고인을 슬퍼하며 쓰는 글이 조사로, 시를 짓거나 신문과 잡지 등에 게재하기도 하고 우편 등으로 보내기도 했다. 글을 쓸 때는 돌아가신 이유를 잘 생각하여 슬픔을 표현하는 말과 위로의 말을 적절하게 사용하여 애도를 표하도록 한다.

* 만장輓章 : 고인의 죽음을 슬퍼하며 지은 글을 비단 및 종이에 써서 기를 만들어 상여 뒤를 따르게 하는 것으로, 가정의례준칙에 의해 금지사항으로 되어 있다.(가정의례준칙 제14조 제1항5)

만장의 예

인간 세상이 꿈같다고 말하지만,
그대 저승길 가는 것을 어떻게 참을 수 있을까.
상여 소리 울음소리 처량하구나!

15) 장일과 장지

장일葬日은 특별한 경우를 제외하면 가정의례준칙 제10조에 따라 사망한 날에서 3일이 되는 날로 한다. 전통적으로 장일은 짝수는 쓰지 않고 홀수를 쓰기 때문에 3일장, 5일장, 7일장으로 했으며 가세, 신분, 계급 등에 따라 장일을 정했다.

장지葬地는 가족묘지, 선산, 공동묘지 등을 이용하며, 화장을 해서 봉안당에 모시거나 수목장을 하기도 한다. 합장을 하는 경우에는 남자가 왼쪽에, 여자가 오른쪽에 가도록 한다. 장일과 장지 등을 정할 때는 어떤 방법을 택하더라도 마음을 다하는 것이 중요하며, 호화스럽거나 사치스럽게 하지 않도록 하다.

16) 천광

묏자리를 파는 것을 천광穿壙이라고 하는데, 1.5미터 깊이로 미리 파 두도록 한다. 술, 과일, 어포, 식혜 등으로 상을 차려 개토고사 開土告辭를 읽으며, 일꾼들이 땅에 술을 뿌리고 토지신을 달래는 의례를 말로 하기도 한다.

개토식을 할 때는 묘소 왼편에 남향으로 제상을 차리고, 고사를 올리는 사람이 신위 앞에 북향하여 두 번 절하고 술을 부어 개토고사를 읽고 다시 두 번 절한다. 선산일 때는 조상 중 가장 가까운 분에게 제를 올린 뒤 장사하도록 한다.

> ○○○○년 ○월 ○일 ○○○는 감히 토지신에게 고합니다. 이제 ○○○의 묘를 이곳에 마련하니 신께서 도우셔서 어려움이 없도록 해주시기 바라며 술과 포과를 올리니 흠향하옵소서.

17) 횡대와 지석

횡대橫帶는 나무판 또는 대나무로 만들어 관에 회가 닿지 않도록 하는 것이며, 지석誌石은 돌, 회벽돌, 사발, 질그릇 등에 글씨를 쓰거나 새겨서 후세에도 묘의 주인을 알 수 있도록 하는 것이다. 돌이나 벽돌의 경우 위쪽에 성명을,

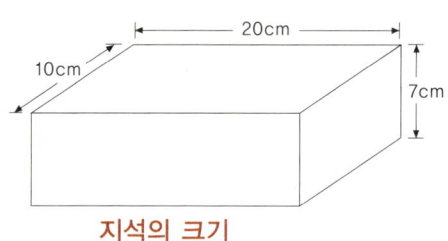

지석의 크기

앞쪽에 생년월일, 사망 연월일, 배우자 성명, 뒤쪽에 상주의 이름, 고인의 약력 등을 먹글씨로 쓰고 양각 또는 음각한다. 사발이나 질그릇의 경우, 안쪽에 본관 성명을 먹으로 기록하고 불로 말린 다음 재를 채워 엎어서 묻는다.

18) 발인제(=영결식)

영구가 상가 또는 장례식장을 떠나기 전에 영구와 영위를 작별하는 의식을 발인제發靷祭라고 한다. 발인제 때는 영구를 모시고 그 옆에 명정을 세우며, 제상에는 사진 또는 위패 등을 모시고 촛대, 향로, 향합 등을 준비한다. 고인이 잘 알려진 사람이라면 영결식을 조금 크게 행하는 것도 좋다.

발인제는 개식, 주상 및 상제들의 분향, 고인의 약력 소개, 조객 분향, 폐식 등으로 진행되며, 마지막 작별이기 때문에 특별한 곳에서 하는 경우도 있다. 개식은 호상이나 친지 중에서 주관하며, 향을 피우고 잔을 올린 뒤 상제들은 일제히 재배한다. 발인제 중 고인과 가까운 친지 한두 사람이 조사를 낭독하는 것도 가능하다. 의식이 끝나면 상가 또는 장례식장을 출발한다.

19) 운구

관을 나르는 것으로 요즘에는 대부분 영구차로 하고 있다. 특별한 경우에는 상여를 하기도 하는데, 이때도 사치스럽지 않도록 한다. 운구運柩를 할 때는 사진, 명정, 영구, 상제 및 조객의 순으로 행렬 순서를 정하며, 상여로 운구하던 때의 노제(路祭, 장지까지 가는 길에 고인의 친구 및 친척이 지내는 의식), 반우제返虞祭, 삼우제三虞祭 등은 가정의례준칙에는 지내지 않는 것으로 되어 있으나 지금은 지키지 않는 경우도 많다.

20) 하관과 성분

영구가 장지에 도착하면 묘역을 다시 살펴보고 하관下棺을 시작한다. 먼저 명정을 풀어 관 위에 덮고 상제들이 관 양쪽에 서서 재배한다. 하관 시간에 맞춰 결관을 풀고 영구를 반듯하게 한 뒤, 회 등을 덮고 묘역을 평평하게 한다. 그리고 준비한 지석을 오른쪽 아래편에 묻고 성분成墳한다.

하관할 때는 산폐(=폐백)를 드리기도 한다. 청색 실과 적색 실을 상주가 집사에게 주면 집사가 청색 실은 관의 동쪽 위에, 적색 실은 서쪽 아래에 놓고 상주가 재배한다.

21) 위령제와 첫 성묘

위령제는 가정의례준칙 제9조에 따른 것으로, 성분을 끝내고 무덤 앞으로 영좌를 옮긴 뒤 간소하게 제수를 차리고 분향, 잔 올리기, 축문 읽기, 배례 등의 순서로 지낸다. 화장인 경우에는 영좌를 유골함으로 대신한다.

집으로 돌아올 때는 혼백을 모셔온다는 뜻의 반우返虞는 다음과 같이 한다. 신주를 영여에 모시고 집사가 분향하여 술을 부으면 상제들은 오른편에 꿇어앉아 반혼고사返魂告辭를 읽은 다음, 모두가 곡을 한 뒤 재배하고 집으로 돌아온다.

첫 성묘는 장례를 지낸 지 3일 만에 가는데, 예전에는 성묘를 가기 전에 우제虞祭와 초우初虞를 지냈다. 우제는 혼백을 편안히 모시기 위한 것이며, 초우는 묘소에서 돌아온 날 저녁 혼백을 모시기 위한 것이다.

위령제의 축문 예

- 부모, 조부모의 경우

○○○○년 ○월 ○일

 아들(또는 손자) ○○은 아버님(또는 할아버님) 영전에 삼가 고하나이다. 오늘 이곳에 유택을 마련하였사오니 고이 잠드시고 길이 명복을 누리옵소서.

- 부부의 경우

○○○○년 ○월 ○일

 남편(또는 아내) ○○은 당신의 영 앞에 고합니다.
 이곳에 유택을 마련하였으니 고이 잠드시고 길이 명복을 누리소서.

22) 탈상

부모, 조부모, 배우자의 경우, 사망한 날에서 백일까지, 기타의 경우에는 장일까지로 한다. 과거에는 첫날부터 만 2년 동안 상복을 입고 매월 초하루와 보름날 아침에 상식하고 명절에 차례를 지내며 소상과 대상의 제례를 지낸 후 가장 마지막에 올리는 절차가 탈상脫喪이었다.

탈상으로 상례 절차는 모두 끝나며, 고인은 유족과 친지들의 기억에 남아 해마다 돌아오는 기일에 추모하는 예를 받게 된다.

탈상제의 축문 예

> 아들(또는 손자) OO은 영전에 삼가 고하나이다. 세월은 덧없이 흘러 어느덧 상기를 마치게 되었사오니 애모하는 마음 더욱 간절하옵니다. 이에 간소한 제수를 드리오니 강림하시어 흠향하시옵소서.

4. 종교의 상례

종교에 따라 장례식의 형태는 조금씩 바뀌지만 대부분 비슷하다. 가장 다른 부분이 영결식 이후이므로 이 부분에 대해 알아본다.

1) 기독교 장례

영결식은 주례목사의 개식사를 시작으로, 찬송과 기도로 고인의 명복을 빌며 유족들을 위로한다. 다음으로 성경을 봉독하는데, 주로 고린도후서 5장 1절 또는 디모데전서 6장 7절을 낭독한다. 시편은 주로 90편을 읽으며, 신약은 요한복음 14장 1~3절 또는 데살로니가전서 4장 13~18절을 낭독한다. 다음으로 기도, 고인의 약력 보고, 주기도문 등의 순서를 거친 뒤에 출관한다.

하관식은 주례목사가 기도한 뒤 고린도전서 15장 51~58절까지 낭독한 뒤, 참석자 중 한 사람이 흙을 관에 던지면서 목사가 고인이 하나님께 다시 돌아감을 선언하는 선고를 행한다. 다음으로 명복을 비는 기도와 주기도문, 축도 등으로 끝난다.

아동의 영결식에서는 목사가 개식사를 한 뒤, 마가복음 10장 17절을 봉독하며 위안사를 함께 전하고 기도에 이어 출관한다. 하관식은 찬송과 기도에 이어 시23편 1~5절 또는 요한계시록 22장 1~5절을 봉독하고 주기도문과 축도로 마친다.

2) 천주교 장례

천주교 장례는 <성교예규 聖敎禮規>에 자세하게 되어 있는데, 운명할 때 하는 성사 聖事를 종부 終傅라고 하며, 병자가 의식이 있을 때 신부를 청해 종부성사를 받는다. 신부가 오면 고해성사를 하기 위해 상 위의 촛대에 불을 켜고 다른 사람은 물러나며, 고해성사가 끝나면 노자성체, 종부성사, 임종 전 대사 등의 순서로 진행한다.

운명 시에는 촛불을 밝히고 임종경을 외우거나 성모덕서도문 등을 읽는데, 숨이 멈춘 다음에도 한동안 계속한다. 운명하는 이의 마음이 불안하지 않게 주위에서 큰 소리로 울지 않는다.

운명한 뒤에는 깨끗한 옷을 입히고 얼굴을 매만지고 수족을 바르게 한다. 고인의 얼굴, 손, 발을 씻기고 성유 聖油를 바르고 옷을 갈아입힌다. 손은 합장시켜서 묶거나 십자고상十字苦像을 잡게 한다. 상 위에는 백지 또는 백포를 깔고 그 위에 고상苦像, 촛대 두 개, 성수 그릇, 성수채, 맑은 물을 담을 작은 그릇 등을 준비한다.

운명한 뒤에는 미사예문을 올려 연미사(위령미사)를 드리며 장례일과 장지, 미사에 대한 시간을 신부와 의논하여 결정한다. 장례일이 결정되면 성당으로 영구를 옮기고 <성교예규>에 따라 입관, 출관, 행상하관 등을 한다. 천주교에서는 화장은 하지 않는다.

장례 후 3일, 7일, 30일에는 연미사를 드리고, 소기小忌와 대기大忌 때는 연미사와 가족의 고해 및 영성체를 한다. 이때 간단하게 음식을 대접하거나 묘소를 찾아 떼를 입히거나 성묘하는 것도 무방하다.

3) 불교 장례

불교에서는 장례를 다비茶毘라고도 하는데, 의례 규범인 <석문의범釋文儀範>에 따라 추도 의식의 순서대로 행한다. 임종부터 입관까지는 일반 장례와 거의 같으며, 영결식의 순서는 호상이 선언하는 개식, 주례승이 행하는 불법승佛法僧 삼보三寶에 돌아가 의지한다는 예로써 불교의 어느 의식에서도 빠지지 않는 삼귀의례三歸依禮, 약력 보고, 부처의 가르침을 받아 고인의 영혼을 안정시키는 착어着語, 극락에 가서 고이 잠들라는 뜻으로 주례승이 요령을 치며 혼을 부르는 창혼唱魂, 유지나 친지 대표가 행하는 헌화獻花, 주례승과 참례자 모두가 고인의 영혼을 안정시키고 극락 세계에 고이 잠들도록 하는 염불인 독경讀經, 추도사, 모두 함께 향을 피우며 애도하는 소향燒香, 모든 중생 제도를 맹세하고 원하며 또한 갖은 번뇌를 없앨 것을 원하며, 끝없는 법문을 배우기를 원하며 최고의 도를 이루기 위해 기원한다는 사홍서원四弘誓願 그리고 폐식 선언을 하면서 장례식은 끝난다.

불교에서는 거의 화장을 하며, 시신이 다 탈 때까지 염불을 한다. 다 타고난 뒤에는 법주法主가 흰 창호지에 유골을 받아 상제에게 주면, 쇄골鎖骨한 후에 절에 봉안하여 제사를 지낸다. 절에서는 사십구재四十九齋, 백재百齋, 3년상 등을 치르고, 3년상이 끝나면 봉안도의 사진을 떼어낸다. 이는 일반 상례에서 궤연을 철거하는 것과 같다.

4) 천도교 장례

천도교에서는 사람의 죽음을 환원還元이라고 하며, 천도교 용어로 청수淸水를 봉전奉奠한 뒤에 가족 모두가 한울님께 고하는 기도인 심고心告를 하고 수렴한다.

운명한 뒤에는 정당正堂에 청수탁淸水卓을 설치하고 조문객들이 심고한 후 상주에게 조의를 표한다. 천도교의 직분이 있는 경우에는 교도의 호명인 도당호道堂號를 표시하며, 입관한 후 앞에서처럼 청수를 봉전하고 심고한다. 검정색 상복을 입고 성복식을 한 후에도 청수를 봉전하고 심고하며, 영결식을 자택에서 할 때는 운구식을 생략하고 발인 때 한다. 영결식의 순서는 개식, 청수봉전, 식사式辭, 심고, 주문呪文, 약력 보고, 위령문 낭독, 조사弔辭, 소향, 심고, 폐식 등이다.

상의 기간은 배우자의 부모와 부부인 경우 150일, 조부모, 숙부, 형제자매는 49일이다. 위령 기도는 사망한 날에서 7일, 31일, 49일 되는 날 행하며, 재계齋戒, 청수봉전, 심고, 주문, 심고, 폐식 등의 순서로 행한다.

사망 후 150일 되는 오후 9시에는 제복식除服式을 하는데 재계, 청수봉전, 제복, 식사, 심고, 주문, 추도사, 심고, 폐식 등으로 행한다.

제4장 제례 祭禮

1. 제례의 의미

제례祭禮란 조상의 제사를 모시는 예로, 그 기본은 본인의 형편에 맞게 정갈하고 정성껏 지내는 것이다. 부모의 제일祭日을 기제忌祭라고 한다. 조상에 대한 제사는 원시 시대부터 지내왔으나, 우리가 행하고 있는 제례는 고려 때부터 정립되었다고 할 수 있다.

고려 말엽, 정몽주는 제례규정을 제정했는데, 3품관 이상은 증조부모까지 3대(증조부모)를, 6품관 이상은 2대(조부모)를, 7품관 이하 서민들은 부모만 제사지내는 것으로 하였다. 조선 시대 '경국대전'에서는 3품관 이상은 4대를, 6품관 이상은 3대를, 7품관 이하 선비들은 2대를, 서민들은 부모만 제사지내는 것으로 하였다. 그러나 기제사의 경우 5대조까지, 권문명가들은 8대조까지도 모셨지만, 현대의 가정의례준칙(18조)에 의하면 제주로부터 2대조까지만 기제를 지내는 것으로 한다.

제사를 드리는 시간은 돌아가신 전날 자정이 지난 약 새벽 1시에 엄숙하게 드리는 것이 좋으며, 보통 제주의 가정에서 대청 또는 방 한 곳에 제상을 차린다. 특별한 지위를 가지고 있거나 사회적인 기제일 때는 다른 장소를 찾아 올린다.

제주는 고인의 장자 또는 장손이 되며, 모두 없을 경우에는 차자 또는 차손이 제사를 주관한다. 상처를 한 경우는 남편이나 그 자손이, 자손이 없는 경우는 아내가 제주가 되기도 한다. 참례자는 고인의 직계자손으로 하며, 가까운 친척이나 친지도 참례할 수 있다. 여건이 안 되어 참례할 수 없을 때는 있는 곳에서 묵념으로 고인을 추모한다.

2. 제구와 제기

1) 제구

제구祭具는 제례를 올릴 때 필요한 기구로, 제례 이외에는 사용하지 않는다.

① 병풍屛風 : 화려하거나 경사와 관련된 문구 및 그림이 있는 것은 피한다.

② 교의交椅 : 신주나 위패를 놓아두는 의자로 제상이 높으면 교의도 높아야 한다. 요즘은 신의를 제상에 봉안하여 없어도 무방하다.

③ 향안香案 : 향로, 향합, 모사 그릇을 올려놓는 작은 상으로, 향상이라고도 한다.

④ 신위판神位板 : 지방을 붙이는데 쓰며, 나무로 만들어 제상에 놓거나 액자 모양으로 만들어도 된다.

⑤ 제상祭床 : 가로 1.2미터, 세로 0.8미터 정도의 크기가 적당하며, 일반 교자상을 사용해도 된다.

⑥ 주가酒架 : 주전자, 물병 등을 올려놓는 작은 상이다.

⑦ 소탁小卓 : 신위를 봉안하기 전에 임시로 올려놓는 작은 상이다.

⑧ 소반小盤 : 제사 음식을 나를 때 사용하는 작은 상 겸 쟁반이다.

⑨ 촛대[燭臺] : 좌우에 둘 수 있도록 한 쌍을 준비한다.

⑩ 향로香爐 : 향을 피울 수 있는 작은 화로이다.

⑪ 향합香盒 : 향을 담아두는 그릇이다.

⑫ 축판祝板 : 축문을 끼울 때 쓰며 뚜껑이 붙어 있는 판이다. 결재판이나 흰 봉투도 가능하다.

⑬ 돗자리 : 집안에서는 한 개로 충분하며, 묘지에서는 넉넉하게 준비한다.

⑭ 지필묵연함紙筆墨硯函 : 축문, 지방 등을 쓸 때 필요한 한지, 붓, 먹, 벼루를 담아두는 함이다.

*교의, 신주, 주독, 축판, 소탁 등은 요즘 일반 가정에서는 사용하지 않는다.

제사의 제구 위치

```
병풍          신위
        촛대      제상      촛대

  축판   모사기 향로 향합   향안 주전자 퇴주기
                                    행주
  소탁     향안              주가
              자리
```

2) 제기

제기祭器는 제례를 올릴 때 필요한 그릇으로 목기나 유기를 함께 사용한다. 둥근 접시에는 과일, 나물, 전 등을 담으며, 사각 접시에는 떡, 적, 포, 조기 등을 담는다.

① 시접匙楪 : 수저를 담는 그릇으로 대접과 비슷한 모양이다.

② 모사기茅沙器 : 제사 때 향로 옆에 놓는 그릇으로, 모래를 담아 가운데에 띠풀로 엮은 묶음을 꽂고 그 위에 술을 붓는데 사용된다.

③ 준항罇缸 : 술을 담는 항아리이다.

④ 탕기湯器 : 국이나 찌개를 담아놓는 작은 그릇이다.

⑤ 두豆 : 김치, 젓갈을 담는 그릇으로, 굽이 높고 받침대가 있으며 뚜껑이 있다.

⑥ 병태 : 떡을 담아놓는 것으로 위판이 사각형인 그릇이다.

⑦ 준작罇勺 : 술을 따르는 그릇과 기구이다.

⑧ 주발周鉢 : 위가 벌어져 있으며 밥을 담는 그릇이다.

⑨ 조俎 : 고기를 담아놓는 직사각형 모양의 그릇이다.

⑩ 퇴주기退酒器 : 제사를 올린 술잔을 물려 담는 그릇이다.

⑪ 변籩 : 과실을 담는 그릇으로 굽을 높게 만든다.

⑫ 술병 : 자기로 만들어진 것으로 목이 긴 것이 좋다.

3. 제수의 종류

제수는 크게 두 가지 뜻으로 나뉠 수 있다. 한자로 제수祭需라고 쓰면 제사에 필요한 음식을 만들 재료와 비용을 의미하며, 제수祭羞라고 쓰면 제상에 올릴 수 있는 조리가 끝난 음식을 의미한다. 제수祭羞의 종류는 전통적으로 다음과 같은 것들이 있다.

① 초첩醋楪 : 순수한 식초를 종지에 담아 올리는 것이다.

② 반飯 : 메, 밥이라고도 하는 제삿밥으로, 신위 수대로 주발 식기에 잘 담아 뚜껑을 덮어둔다.

③ 갱羹 : 제사에 올리는 국으로, 신위 수대로 대접이나 주발에 담아 뚜껑을 덮어둔다. 소고기, 무를 납작하게 썰어서 함께 끓이고, 고춧가루, 마늘, 파 등은 넣지 않는다.

④ 면麵 : 제사에 올리는 국수로, 삶아서 건더기만 건져 그릇에 담은 뒤 계란 노른자를 부쳐 네모나게 썰어서 고명으로 얹기도 한다. 면을 올릴 때는 떡도 함께 올리는데, 면과 떡은 반드시 함께 올려야 한다. 예전에는 밥 외에 면도 올렸지만 요즘은 생략하는 경우가 많다.

⑤ 편䭏 : 화려한 색의 떡은 피하며, 팥도 껍질을 벗겨 가능하면 흰색이 나오도록 한다. 시루떡은 네모난 접시에 보기 좋게 올리고, 찹쌀가루로 빚어 기름에 튀긴 뒤 꿀이나 조청을 바른 웃기를 얹는다.

⑥ 편청 : 떡을 찍어먹을 수 있는 꿀, 조청 등으로, 떡 그릇 수에 맞춰 올린다.

⑦ 탕湯 : 오늘날의 찌개로, 기제사에는 3가지, 생일 등의 큰 제례에는 5가지를 올린다. 갱과 마찬가지로 고춧가루 등의 조미료는 사용하지 않으며, 탕기에 담고 그 위에 다시마를 잘 썰어 십자 모양으로 덮기도 한다.

 - 육탕肉湯 : 소고기의 건더기만 탕기에 담고 뚜껑을 덮어둔다.

 - 어탕漁湯 : 생선찌개의 건더기만 탕기에 담고 뚜껑을 덮어둔다.

 - 계탕鷄湯 : 봉탕鳳湯이라고도 하며, 닭 찌개의 건더기만 탕기에 담고 뚜껑을 덮어둔다.

⑧ 전煎 : 기름에 튀기거나 부친 것이다. 아래 나오는 적炙과 함께 수를 세서 홀수가 되는 그릇 수로 올리는데, 전만 올리면 짝수가 된다. 기제사에서는

전이라고 하며, 큰 제례에서는 간남看南이라고 하여 수육, 육회, 어회 등을 모두 접시에 담는다.

⑨ 적炙 : 제수 중 특식에 속하는 것으로 구운 것을 말한다. 육적, 어적, 계적(꿩) 등 세 가지를 올리는데, 술을 올릴 때마다 바꾸어 올린다. 고인이 좋아하던 음식을 올리고 싶을 때는 적 외에 기호 식품으로 할 수도 있으며 꼭 전통적일 필요는 없다.

⑩ 적염炙鹽 : 적을 찍어 먹는 소금으로, 접시 또는 종지 등에 담아 하나만 올린다.

⑪ 초장醋醬 : 초간장이나 간장 등에 식초를 탄 것으로, 육전을 올릴 때 함께 올린다. 어회를 올릴 때는 개자介子를 어회와 함께 올리도록 한다.

⑫ 포脯 : 고기 등을 말린 육포 생선의 껍질을 벗겨 말린 것, 문어나 마른 오징어 등의 마른안주로, 네모난 접시에 담는다.

⑬ 해醢 : 생선 젓갈로 대부분 소금에 절인 조기를 쓴다. 약식으로 하는 차례에서는 잘 쓰지 않는다.

⑭ 혜醯 : 식혜 건더기를 접시에 담고 잣을 얹는데, 차례에서 생선젓 대신 올린다.

⑮ 숙채熟菜 : 익힌 나물로 한 접시에 고사리, 도라지, 배추나물 등 삼색 나물을 곁들여서 담는다.

⑯ 침채沈菜 : 고춧가루를 쓰지 않은 물김치 또는 희게 담근 나박김치를 보시기에 담아 올린다.

⑰ 청장淸醬 : 순수한 간장으로 종지에 담아서 올린다.

⑱ 과실果實 : 나무에서 따는 과일과 곡식을 익혀서 만든 다식을 올린다. 그릇 수는 짝수로 올려야 하기 때문에 2, 4, 6, 8개의 접시로 올리도록 한다. 깨끗이 씻고 잘 손질해서 보기 좋게 올리도록 한다.

⑲ 술 : 약주, 청주 등 맑게 담근 술을 병에 담고 마개를 막는다. 양은 신위수를 곱한 4잔 정도로 하는 것이 좋다.

⑳ 현주玄酒 : 첫새벽에 아무도 떠가지 않은 우물에서 떠온 정화수를 말하며 병에 담아 올린다.

㉑ 다茶 : 숭늉이라고도 하는데 일반적인 숭늉의 형태는 아니며 맹물에 밥 몇 알을 풀어놓은 것이다. 중국은 우리나라와 달리 엽차를 올렸다.

4. 제수 조리법

① 복숭아와 꽁치, 삼치, 갈치 등 '치'로 끝나는 생선은 사용하지 않는다.

② 고춧가루와 마늘 양념은 하지 않는다.

③ 식혜와 탕, 면은 건더기만 사용한다.

④ 제수를 장만할 때는 몸과 마음을 정갈하게 하여 조리해야 한다.

⑤ 소탕素湯 : 두부를 1센티미터 두께로 썰어서 네모로 자른다. 다시마는 마른 헝겊으로 깨끗이 닦아서 냄비에 넣고 물 5컵을 부어서 끓이다가 다시마를 건져내고 간장으로 간을 맞춘다. 건진 다시마는 사방 3센티미터 크기로 썰어둔다. 다시마 국물에 두부를 넣고 끓어오르면 다시마를 위에 얹고 다시 한소끔 끓인 후 불을 끈다.

⑥ 어탕魚湯 : 조기나 민어, 상어는 비늘을 긁어내고 내장을 완전히 뺀 다음 깨끗이 씻어서 4센티미터 크기로 토막을 낸다. 다시마는 마른 헝겊으로 깨끗이 닦아서 냄비에 넣고 물 5컵을 부어서 5분 정도 끓이다가 다시마는 건져내고 간장으로 간을 맞춘 후 준비한 생선을 넣고 10분 정도 끓인다. 건진 다시마는 사방 3센티미터 크기로 썰어서 냄비에 넣고 한소끔 끓인 후 불을 끈다. 탕기에 생선과 국물을 담고 위에 다시마를 곁들인다.

⑦ 소고기적 : 소고기를 1센티미터 두께로 넓적하게 포를 떠서 칼집을 내어 고기를 부드럽게 손질한 후 큰 그릇에 담아 간장, 설탕, 깨소금, 청주, 참기름 등 갖은 양념에 1시간 정도 재여 놓았다가 석쇠에 굽는다.

⑧ 두부적 : 두부를 1센티미터 두께로 썰어 소금을 약간 뿌려 간을 맞추고, 프라이팬에 식용유를 두르고 약한 불에서 지져낸다.

⑨ 조기구이 : 조기를 깨끗이 손질하여 소금을 뿌려 간을 해둔다. 조기의 물기가 빠져 건조해지면 프라이팬에서 잘 구워낸다.

⑩ 동태전 : 동태를 깨끗하게 손질한 다음 껍질을 벗기고 넓적하게 포를 뜬 다음 소금과 후추로 밑간을 해놓는다. 생선에 밀가루와 달걀물을 묻힌 후 프라이팬에 식용유를 넉넉히 두르고 약한 불에서 지져낸다.

5. 제수의 진설

1) 진설의 기본 원칙

제사 때 음식을 법식에 따라 차려놓는 것을 진설陣說이라고 하는데, 지방과 가문 그리고 학자들에 따라 조금씩 다르다. 다음의 내용은 진설법 중 가장 보편적인 것으로, 기본적인 제수를 중심으로 설명하였다.

제사를 지내기 하루 전에는 몸과 마음은 물론 집 안팎을 깨끗하게 청소하고 제상을 차린다. 제청의 서북쪽 벽 아래 남향으로 고서비동(아버지 신위는 서쪽, 어머니 신위는 동쪽)이 되게 한다. <가례>에는 기일에 해당하는 신위만 모시는 것으로 하고 있으나 <속례>로는 일반적으로 조상을 함께 모신다. 제상 앞에는 향안을 앞으로 놓고, 그 위에 향로와 향합을, 모사기는 그 앞에 놓는다. 향안 왼쪽에는 축판을 두고 오른쪽에는 술과 퇴주 그릇을 놓는다.

제수를 진설할 때는 기본적인 원칙이 있다. '좌서우동'은 신위를 모신 쪽이 북쪽이 되고 영위를 향해서는 우측이 동쪽, 좌측이 서쪽이 되는 것이다. '어동육서魚東肉西'는 생선은 동쪽, 고기는 서쪽에 두는 것으로, 세 가지 탕을 올릴 때는 동쪽부터 어탕, 계탕, 육탕 순서로 놓는다. '이서위상'은 신위를 향했을 때 좌측이 항상 상위가 되는 것으로, 지방을 붙일 때 아버지를 서쪽에 붙이는 이유가 바로 이것이다.

'홍동백서紅東白西'는 붉은색 과일은 동쪽, 흰색 과일은 서쪽에 진설하는 것으로, 대추가 가장 오른쪽이고 밤은 왼쪽에 올리게 된다. '좌포우혜左脯右醯'는 포를 왼쪽에, 식혜를 오른쪽에 두는 것이다. '두동미서頭東尾西'는 생선의 머리는 동쪽, 꼬리는 서쪽으로 향하도록 하는 것이며, '남좌여우男左女右'는 남자는 좌측, 여자는 우측에 모시는 것을 의미한다.

이밖에도 과실 중에서 복숭아는 쓰지 않으며, 생선 중에서는 멸치, 갈치, 꽁치, 삼치 등 '치'로 끝나는 생선은 쓰지 않는다. 또한 제사 음식은 자극적인 맛이나 현란한 색은 피하는 것이 좋으며, 위에 언급한 것처럼 고춧가루와 마늘은 사용하지 않는다. 설에는 메(밥) 대신 떡국을 올리며, 추석 때는 메 대신 송편을 놓기도 한다.

수저를 꽂을 때는 패인 곳을 제주의 동쪽으로 메를 담은 그릇의 한복판에 꽂도록 한다. 두 분을 모시기 위해 양위를 합체할 때는 밥, 국, 수저를 각각 두 벌씩 놓는다.

대추나 밤은 씨의 수에 따라 그 의미가 다른 것으로 알려져 있다. 씨가 한 개인 대추는 왕, 씨가 세 개인 밤은 삼정승, 씨가 여섯 개인 감은 육방관속, 씨가 여덟 개인 배는 관찰사를 뜻한다.

2) 진설하는 순서

맨 앞줄에는 과실이나 조과(造菓, 유밀과, 산자, 약과 등)를 진설한다. 진설자의 왼쪽부터 조율이시棗栗梨柿, 즉 대추, 밤, 배, 감(곶감)의 순서이다. 호두 또는 망과류(포도, 머루, 다래 등의 넝쿨과일)를 놓으며 끝 쪽에는 조과류를 진설한다. 홍동백서紅東白西에 따라 진설하되 그 가운데 조과류를 진설한다.

둘째 줄에는 반찬류를 진설하는데, 좌포우혜에 따라 왼쪽에 북어포, 대구포, 오징어포, 문어포를, 오른쪽에 식혜를 놓는다. 콩나물, 숙주나물, 무나물 등은 중간에 놓는데, 고사리나물이나 도라지나물을 쓰기도 한다. 청장과 침채는 그 다음에 진설한다.

세 번째 줄에는 탕을 진설하는데, 어동육서魚東肉西에 따라 물고기탕은 동쪽인 오른쪽에, 육류탕은 서쪽인 왼쪽에 놓는다. 가운데에는 채소, 두부 등으로 준비한 소탕을 진설하고, 단탕, 삼탕, 오탕 등 홀수로 두어야 한다.

네 번째 줄에는 적과 전을 진설하는데, 어동육서에 따라 어류를 동쪽에 육류를 서쪽에 올리고 가운데에 두부와 채류를 둔다. 또 두동미서頭東尾西에 따라 어류의 머리는 동쪽, 꼬리는 서쪽에 가도록 한다.

다섯 번째 줄에는 메, 갱, 잔을 놓는데, 메는 오른쪽, 갱은 왼쪽, 잔은 메와 갱 사이에 올린다. 단위제의 경우 시저는 메의 왼쪽, 양위 합제의 경우에는 고위의 갱 옆에 둔다. 면은 왼쪽 끝, 편은 오른쪽 끝에 올리고, 조청과 꿀 등의 청은 편의 왼쪽에 둔다.

향로와 향합을 올려놓는 향안에는 축판을 함께 올려두며, 향안 밑에 모사기, 퇴줏그릇, 제주 주전자 등을 놓는다.

*진설하는 순서는 조금씩 다르기 때문에 가풍에 따르는 것이 일반적이다.

진설도

옛날의 제상 차림

주자가례 제찬도

도암 사례편람 제찬도

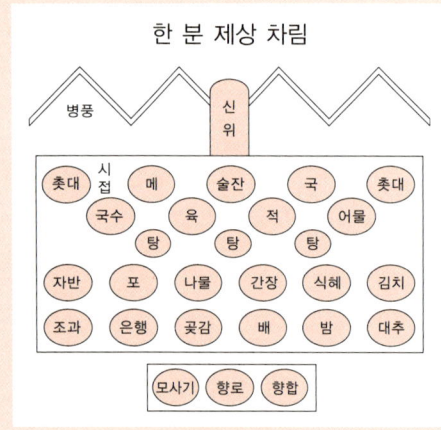

한 분 제상 차림

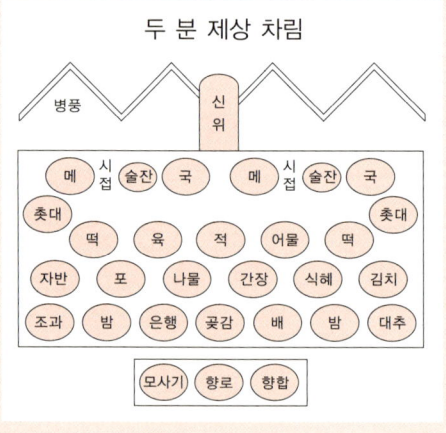

두 분 제상 차림

6. 현대 제례

고려 시대나 조선 시대에는 신분에 따라 제사를 지낼 수 있는 조상이 제한되었지만, 1894년 갑오경장으로 신분 제도가 철폐되면서 누구나 고조부모까지 4대 봉사를 할 수 있게 되었다. 조상의 신위를 사당에 모시는 종가에서는 기제사와 묘제를 비롯하여 삭망, 속절시식, 사시제 등 한 해에 47회의 제사를 지내기도 했다. 그러나 가족이 지역 곳곳에 흩어져 사는 현대에는 이렇게 많은 횟수의 제사를 지내는 것이 복잡하다. 조상을 공경하는 마음과 효도하는 마음은 존중하되, 복잡한 격식과 절차 그리고 사치스러운 의식은 지향하는 것이 좋다.

1973년 5월 대통령령으로 정부는 <가정의례준칙>을 제정하여 혼례, 상례, 제례 등의 전반적인 절차와 내용을 규정하였다. 이후 1980년 12월 <가정의례에 관한 법률>이 제정되면서 여러 번 개정되었고, 현재 <가정의례준칙>으로 확정되면서 지금까지 시행되고 있다. 현대의 제례는 <가정의례준칙>을 중심으로 설명하도록 한다.

1) 제사의 종류

기제사, 묘제사, 절제사(원단元旦, 추석 등) 등이 있으며, 가족 및 친지와 함께 지인들이 참여하는 추도식과 위령제가 있다.

2) 봉사의 범위

기제사와 묘제사는 조부모와 부모의 2대 봉사를 원칙으로 하며, 제주가 승인한 조상이나 자손이 없는 조상은 제주 당대에만 모시는 것으로 한다. 원단, 추석, 중구重九에는 직계 조상을 대상으로 봉사한다. 그러나 일부는 아직도 전통 제례대로 4대 봉사를 하는 경우가 많다.

<가정의례준칙>에서 절제사의 대상에서 대의 수를 명시하지 않은 것이나 같은 명절 차례인데도 절제사와 연시제 등으로 구분한 것은 모순적인 부분이기 때문에 개정이 필요하다.

3) 제사 절차

모든 제사는 고인이 생전에 좋아하던 간소한 음식을 진설하고 공화供花로 제물을 대신할 수 있다. 또 모든 제례 절차는 단헌單獻, 단배單拜하고 묵념 후 다시 단배하는 것으로 하며, 추도문 또는 축문을 읽는다. 제복은 평상복으로 하며, 모든 신주는 폐지하고 사진으로 대신한다. 참가자는 직계 자손으로 한정한다.

가정의례준칙에 의한 제수 차리기는 다음과 같다.

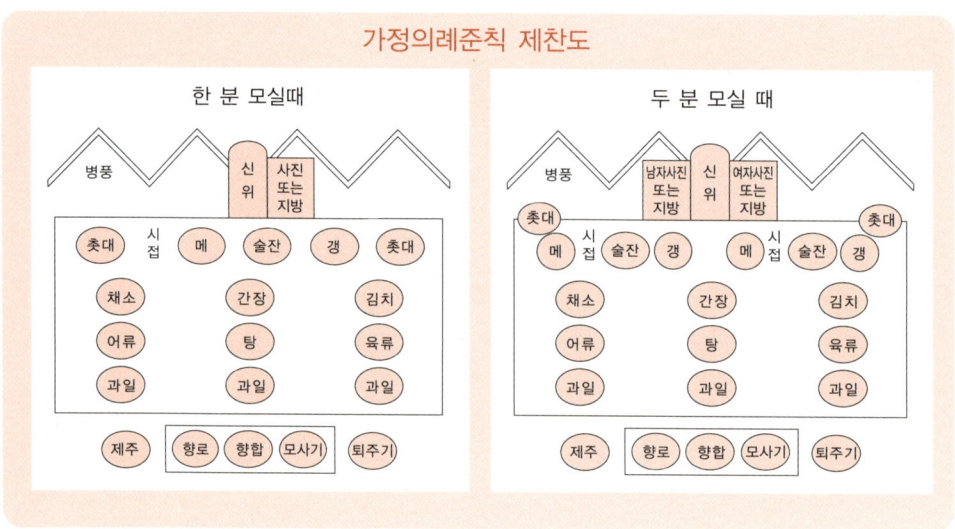

그러나 이러한 제사 절차는 이견이 많다. 평소의 간소한 음식으로 제수를 준비한다는 것은 제사의 엄숙한 풍습을 저버리는 것이며, 참가자는 직계 자손이 아닌 누구나 원하는 사람이라면 참여할 수 있어야 한다는 것이다. 전통 예법이 허용하는 바를 가정의례준칙에서 제한한다는 것에 대한 한계이기도 하다.

4) 제삿날과 시간

<가정의례준칙>에 의하면 '기제사의 일시는 기일의 일몰 후에 지낸다.'라고 되어 있다. 예서禮書에서 기제사는 고인이 돌아가신 날 먼동이 틀 때 시작해서 밝을 때 끝내는 것으로 되어 있는데, 우리나라에서는 새벽에 지내는 것이 일반적이었다. 그러나 과거 통행금지, 주거 환경적인 이유로 인해 초저녁에 제사를 지내면서 제사의 시간에 대한 인식이 많이 바뀌게 되었다.

돌아가신 전날이 제사라고 생각해서 돌아가신 전날 초저녁에 지내는 경우도 있는데, 이것은 제사 음식을 전날에 한 데서 온 것이라고 할 수 있다. 음식 장만은 전날 했지만 실제 제사를 지내는 시간은 다음 날, 즉 돌아가신 날의 새벽이기 때문이다. 기일忌日은 돌아가신 날을 의미하기 때문에 초저녁에 제사를 지내려면 돌아가신 날 일몰부터 자정이 되기 이전에 지내야 한다.

5) 지방과 축문

기제사, 설, 추석 등에 필요한 지방紙榜은 종이로 만든 신주로, 신주가 없을 때 지방을 써서 봉안할 수 있다. 지방은 정해진 규격이 없기 때문에 봉투처럼 접어서 쓰거나 잘라 쓰기도 한다. 전통적으로는 깨끗한 한지를 가로 6센티미터, 세로 22센티미터정도로 잘라서 만드는데, 위쪽을 둥글게 자른다.

지방은 한자로 쓰며 붓글씨로 쓰는 것이 한글로 쓰는 것보다 좋다. 물론 한글로 지방이나 축문을 쓰는 경우도 많은데, 한글로 쓸 때는 한문을 한글로 표기하기도 하고 그 뜻을 풀어서 쓰기도 한다. 한글로 쓸 때는 연월일과 연호를 모두 양력으로 쓸 수 있다.

지방을 쓸 때 조상이 남자일 경우에는 왼쪽, 비위妣位인 여자 조상의 경우 오른쪽에 써서 나란히 오도록 한다. 배위配位가 두 분이거나 세 분이면 처음을 고위考位부터 써서 왼쪽에서 오른쪽으로 써나간다.

관직이 없을 때는 '학생'이라고 쓰고, 관직이 있을 때 비위는 관직명에 따라 봉한 명칭을 쓰도록 한다. 또 고위는 성을 쓰지 않으나 비위는 성을 쓰기도 한다. 동생과 아들의 경우, '학생' 대신 '자사自士' 또는 '수재秀才'라고 쓴다.

요즘에는 남자의 지방을 쓸 때는 의례적으로 '학생부군學生府君'이라고 쓰는데, 이것은 잘못된 쓰임이다. 조선 시대에서 '학생'은 과거 시험을 준비하는 예비 관원을 통틀어서 하는 말이기 때문이다.

지금도 생전에 관직에 있었을 경우 지방에는 관직명을 쓰며, 기업이나 단체에서의 직함도 쓸 수 있다. 관직을 쓸 때는 너무 길게 나열하는 것보다는 대표적인 직함 하나만을 쓰는 것이 좋다. 석사, 박사 등의 학위를 쓰는 것도 괜찮으며, 여성의 경우에도 생전의 관직, 사회적 직함, 학위 등을 쓸 수 있다.

✳ 한글식 시제 축문 예

서기 OOOO년 OO월 OO일 효자 교장 OO은 삼가 높으신 아버님 군청장 어른과 높으신 어머님께 말씀드립니다. 세월이 흘러 동지의 때가 되니 계절과 함께 추념하고 감동되어 사모하는 마음을 금할 수 없습니다. 이에 깨끗한 여러 음식을 갖추어 공손히 정기의 제향을 올리오니 흠향하시기 바랍니다.

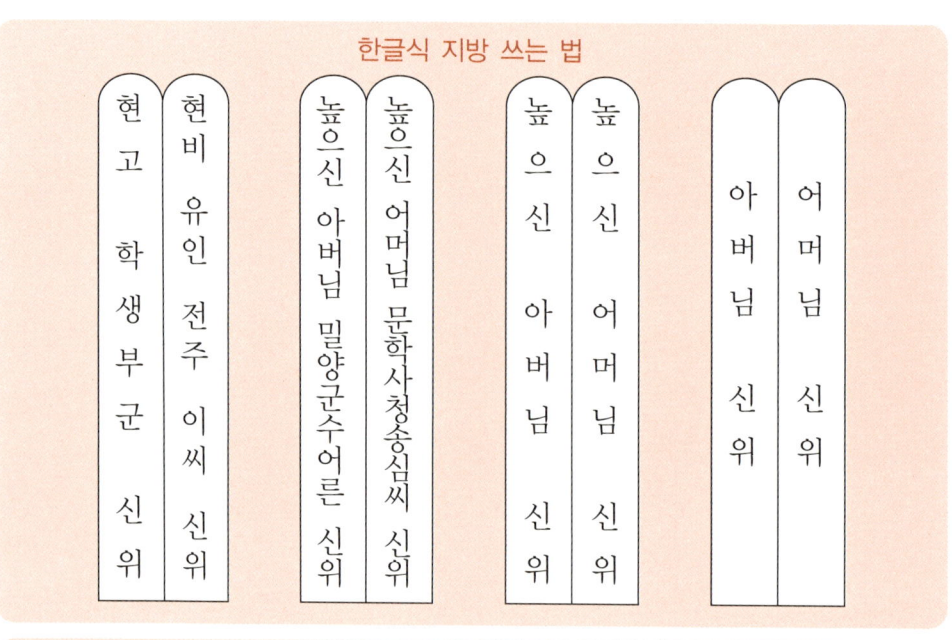

6) 차례

차례는 명절 때 조상께 올리는 제사로, 간소하게 하는 예라고 할 수 있다. 차례는 명절 때 지내는 속절제俗節祭로, 지방에 따라 다르지만 정월 초하룻날인 설날과 추석에 지내는 것이 관례처럼 되어 있다.

과거에는 정초에 차례를 지낼 때 밤중제사 또는 중반제사라고 하였는데, 종가에서는 섣달 그믐날 밤에 제물과 떡을 차려 놓고 재배, 헌작, 재배 등을 하였다. 초하룻날 아침에는 다시 차남 이하의 자손들이 모두 모여 메를 올리고 차례를 지냈다. 모시는 조상은 고조부모부터 증조부모, 조부모, 부모의 4대까지였으나 <가정의례준칙>에 의해 현재는 조부모와 부모 2대만 제사를 지낸다.

차례는 사당과 밀접한 관련이 있는데, 정원, 동지, 보름, 매월 초하루에 술잔 대신 차를 올리는 데에서 유래되었다고 전해진다. 그러나 사당이 거의 사라지면서 간단한 차례가 명절 제사로 바뀌었다.

명절의 차례와 다른 차례의 차이는 헌작이 한 번이고 축문을 읽지 않는다는 점이다. 차례는 윗대부터 차례를 모시는 신위봉안神位奉安, 제주가 읍한 자세로 꿇어앉아 세 번 향을 사르고 재배하는 분향焚香, 제주가 읍한 상태로 꿇어앉고 집사가 따라준 강신 잔의 술을 모사기에 세 번 나누어 붓고 재배하는 강신降神, 제주 이하 남자는 2번, 여자는 4번 절하는 참신參神, 갓 준비한 제물을 윗대부터 차례로 올리는 진찬進饌, 윗대 신위부터 제주가 차례대로 술을 따르는 헌작獻酌, 7~8분 정도 조용하게 서 있다가 주부가 뒷대부터 차례대로 수저를 내리고 시접에 담는 낙시저落匙箸, 남자는 2번, 여자는 4번 절하는 사신辭神, 본래 위치로 신위를 모시고 지방을 사용했을 때는 태워서 재를 향로에 담는 납주納主, 제상에서 음식을 뒤에서부터 내리는 철상撤床, 제사 지낸 음식을 나누어 먹으며 조상의 덕을 기리는 음복飮福 등의 순서로 진행된다.

7. 종교의 제례

종교를 가진 사람들은 대부분 제사를 지내지 않으며, 각 종교에 해당하는 추도식 또는 미사 등으로 제사를 대신한다.

1) 기독교 추도식

기일이 되면 목사의 주관으로 추도식을 행한다. '내 평생에 가는 길' 또는 ' 저 높은 곳을 향하여' 등의 찬송으로 시작하며, 찬송이 끝나면 주례목사가 기도를 한다. 이때 기도는 유족들이 슬퍼하지 말고 하늘을 바라보며 위안과 소망을 갖게 해달라는 내용으로 이뤄진다. 그런 다음 추도식과 관련 있는 성경 구절을 낭독하고 다시 찬송을 부른다. 이후 주례목사는 고인의 행적이나 유훈을 설교 겸해서 말하며, 약 3분간 고인의 명복을 비는 묵도 시간이 이어진다. 다시 찬송을 부른 뒤 참례자 일동이 주기도문을 외우면서 추도식을 마친다.

기독교에서 제사를 지내지 않는 이유는 고인을 신격화하여 숭배하지 않는다는 의미를 가지고 있다.

2) 천주교 추도미사

장례를 치르고 3일, 7일, 30일째 되는 날 연미사를 드리는데, 첫 기일에는 가족이 다같이 고해성사를 하고 성체성사를 받도록 한다. 추도미사에 참례하는 사람들에게는 간단한 음식을 대접하며, 고인을 위해 드리는 미사는 성모께서 부탁하신 일이라 하여 최근에는 더욱 강조하고 있다.

11월 2일은 천주교에서 묘제라고 할 수 있는 날로, 연옥(煉獄, 고인의 영혼이 살아 있는 동안 지은 죄를 씻고 천국으로 가기 위해 잠시 머무른다고 믿는 장소)에 있는 모든 영혼을 위한 미사를 올린다. 이 날을 '위령의 날' 이라고 하며 교우들은 묘지를 찾아 고인의 영혼을 위해 기도를 올린다. 서양은 물론 우리나라에서도 이 날 사이가 좋은 사람들이 함께 묘지에 모이고 특정한 묘지에 관계가 없는 사람들도 함께 모이기도 한다.

3) 불교 추도 의식

불교에는 사십구재四十九齋(사람이 죽은 날로부터 매 7일째마다 7회에 걸쳐서 49일 동안 개최하는 종교의식으로 죽은 사람의 명복을 비는 천도의식)와 백재百齋(사람이 죽은 지 백날 되는 날에 드리는 불공)와 같은 고인의 명복을 비는 재齋가 있고, 소기小朞(사람이 죽은 지 1년 만에 지내는 제사)와 대기大朞(사람이 죽은 지 2년 만에 지내는 제사)에도 재齋를 올린다. 위패를 절에 모실 때는 유가족이 참석하지 못해도 기일과 생일에 재를 올린다.

재의 절차는 주례스님이 재를 선언하는 개식으로 시작된다. 곧 불법승佛法僧의 삼보三寶에 인간이 귀의한다는 삼귀의례三歸依禮가 거행되며, 반야심경을 읽는 독경, 모두 방에 들어가 앉아 하는 묵도 등이 이어진다. 다음은 추도문과 추도사 낭독으로, 추도문은 고인이 생전에 친했던 사람이 고인의 약력을 소개하는 등으로 이뤄진다. 내빈 중 대표가 나와 위로의 말을 전하는 감상이 끝나면 유족과 참석한 사람들이 차례로 분향하고, 제주가 내빈에게 감사의 답례를 하면서 의식이 끝나게 된다.

4) 일반 추도식

고인이 국가와 사회 또는 공익에 기여한 바가 많을 때는 고인을 따르던 사람들이 추도식을 가지는 경우가 있다. 추도식에 참석한 사람은 각자 분향 배례하고 유가족에게 인사한 뒤 물러난다. 참석자는 모두 엄숙하게 행동하며 검은색의 점잖은 옷차림을 하도록 한다.

제물은 차리지 않으며 넓은 장소나 묘소 등에서 하는데, 사회자가 개식을 선언하면 고인을 추모하는 묵념이나 배례가 이어진다. 묵념이 끝나면 고인의 업적을 간추려 소개한 뒤, 영정에 향을 피우고 배례하면 추도식이 끝난다.

5) 합동 위령제

전쟁, 대형사고, 천재지변 등으로 많은 사람들이 희생되었을 때 이들을 위로하는 의식이다. 위령제는 주관하는 측에 따라 일반 의식 또는 종교 의식 등으로 할 수 있다. 합동 위령제의 순서는 일반적으로 개식, 주악, 일동 경례, 사건의 보고, 추모사, 분향과 헌작, 일동 경례, 주악, 예필 선언 등으로 이뤄진다.

위령제에 참석할 때는 검정 양복 또는 흰색 한복이 좋으며, 분향이나 헌작 등은 소수의 대표자로 한정하여 번거로움을 막고 시간을 절약할 수 있도록 한다.

이야기) 새로운 제사 모델 만들기

시대가 달라지면서 관혼상제 역시 크게 달라지고 있다. 가족의 규모가 작아지면서 제사 역시 많은 부분이 바뀌어가고 있는데, 대표적인 것들을 예로 들어 새로운 제사 모델을 만들어 보는 것도 의미 있는 일일 것이다. 옛것의 정신을 잘 살리되 현재의 상황에 맞게 그 절차를 조금씩 바꾸어나간다면 제사를 좀 더 효율적으로 그리고 기쁜 마음으로 지낼 수 있을 것이다.

1. 축문, 지방 등은 한글로 준비하자

한글로 준비하게 되면 이해하기 쉽고 친근감 있게 마음에 와닿는 문안을 직접 만들 수 있다. 제주와 참례자가 각각 고인을 추모하는 글을 임의대로 만들어서 읽어도 좋다.

2. 장자 중심의 봉사奉祀에서 벗어나자

딸과 아들의 구별이 없는 시대에서 아들이 없다고 제사를 못 지내는 것은 아니다. 실제로 딸이나 사위가 처가 어른을 봉양하는 경우도 많다. 신축성 있게 제사를 지내며 여자들도 제사에 참여하면서 평등한 제사를 만들어 나간다.

3. 제수 비용과 음식을 공동으로 준비하자

제수를 장만하는 것은 시간과 비용이 많이 드는 일이다. 본래의 의미를 잃지 않는 선에서 공동으로 비용과 음식을 준비한다면 부담이 많이 줄어들 수 있다.